염산교회 77인의 순교자 이야기

우리는 여기에서
갈보리 언덕을 우러르네
우리 주님 그 십자가 앞에
일흔일곱 순교 제물들
우리는 천국 간다
그 음성 소금되어
오늘도 우리를 일깨우네
그 노래 빛이 되어
오늘도 뭇 영혼 불 밝히네

천국소망 순교신앙

| **임준석** 지음 |

쿰란출판사

| 추천의 글 |

순교의 피는 복음의 씨앗이다

임준석 목사님께 진심으로 축하의 말씀을 드립니다. 목회하면서 염산교회 순교의 피가 한국 교회사와 기독교 역사에 영원토록 보석처럼 빛을 내야 함을 크게 느끼고 순교자들의 숭고한 신앙과 복음 선교를 위해 《천국소망 순교신앙》이란 한 권의 책을 집필하여 펴내기까지 수고 많이 하셨습니다.

하나님의 인도와 능력으로 이 시대에 꼭 필요한 순교의 현장 목회자로서 헌신하고 계심을 감사합니다. 터툴리안이 "순교자의 피는 교회의 씨앗"이라고 말한 것처럼 염산교회의 순교의 피는 복음의 씨앗이 되었습니다. 염산교회를 중심으로 하여 지금은 염산면에 12교회가 세워져 많은 영혼들이 하나님께 영광을 돌리고 있다는 것이 바로 순교자들의 피가 헛되지 않음을 증거해 주고 있습니다.

오늘날 목회자는 많은데 참 목회자를 찾기가 어려운 시대입니다. 그리고 순교의 신앙 정신이 필요하다는 말을 하면서도 실천에 옮기지 못하는 이들이 많습니다.

임준석 목사님은 목회 현장에서 섬기는 종의 사명에 충실한 자요, 순교를 각오한 정신과 믿음으로 사역을 감당하고 있으며, 선교의 뜨거운 열정으로 바울 사도와 같이 복음을 증거하는 참 목회자입니다. 그리고 맡겨진 일들은 즐겁고 기쁘게 책임을 다하며 늘 기도와 감사하는 마음으로 사명을 감당하는 모습이 많은 이들에게 귀감이 됩니다.

임 목사님은 마음과 생활이 깨끗하며, 만나는 사람들에게 유익과 감동을 주는 신실한 주님의 종으로서 항상 하나님께 영광을 돌리는 일에 헌신해 오셨습니다. 앞으로도 충성된 일꾼으로서 한결같은 믿음의 열정으로 목회 여정 속에 좋은 열매를 많이 맺는 목회자가 되실 줄로 믿습니다.

하나님의 축복이 임준석 목사님의 후반기 인생에 더욱 충만하기를 기원하면서 동역자의 한 사람으로 감히 이 책을 추천합니다.

예장(통합) 증경총회장, 광주서남교회 원로

안영로 목사

순교신앙으로 천국을 향해 열심히 달려가기를…

나는 광주에 있는 신학교와 교회에서 10여 년간 사역하면서 염산교회가 우리나라에서 가장 많은 순교자를 배출한 교회라는 이야기를 들었고, 또한 염산교회 출신 신학생들을 만나 보았으면서도 한 번도 염산교회를 방문한 일이 없었다.

그런데 지난 2013년 10월 서울 호산나선교회에서 고향 방문 행사가 있어 영광 염산교회를 방문할 기회가 있었다. 이때 사랑하는 제자 임준석 목사님이 염산교회에서 담임목사님으로 계셔서 40여 년 만에 반갑게 만났다. 그리고 목사님의 안내로 한국교회에서 가장 많은 성도 77명이 공산당에 의해 순교했다는 이야기를 듣고 또 친히 그 유품과 사진들을 보면서 큰 감동과 아울러 많은 눈물을 흘렸다. 우리 일행은 이러한 순교 신앙을 이어갈 수 있게 해달라고 하나님께 통성으로 기도했다.

나는 이러한 순교신앙이 후대에도 소개되고 계승될 수 있도록 염산교회의 순교역사가 담긴 팸플릿을 만들고 순교자들을 기념하는 시비(詩碑)를 세웠으면 좋겠다는 의견을 친구 박종구 목사님에게 전했고, 이에 박 목사님은 진흥문화사 이사장이신 박경진 장로님께 부탁을 드렸다. 성령님의 감동으로 박경진 장로님은 이를 쾌히 승낙하고, 박종구 목사님의 "우리는 천국 간다"라는 시를 돌에 새겨 기증해 주셨다. 그리고 2014년 7월 25일 시비 제막식을 갖고 순교자들의 숭고한 신앙정신을 기렸다. 당시 제98회 총회장 안명환 목사님도 참석하여 감격의 축사를 해주시고 총회에서도 적극적으로 돕겠다고 약속하셨다. 그후 염산교회는 대한예수교장로회 총회 제1호 순교지 기념교회가 되었다.

한국교회는 순교의 피 위에 세워져 그 유례를 찾아볼 수 없는 부흥을 가져왔다. 그런데 지금은 너무 부유한 생활과 안일함에 빠져 천국보다 이 세상을 더 좋아하여 신앙의 열기, 주님 사랑하는 마음이 식어지고 성도들의 눈에서 눈물이 메말라 가고 있음은 매우 슬픈 일이 아닐 수 없다. 한국교회에 신앙의 위기가 찾아온 것이다. 이때 성도들에게 이 《천국소망 순교신앙》을 추천한다. 이 책은 우리에게 다시 한번 옷깃을 여미고 순교신앙으로 무장케 하여 천국을 향해 달려 나가도록 인도해 줄 것이다.

예장(합동) 증경총회장, 안디옥교회 원로

홍정이 목사

|추천의 글|

처음 사랑의 대합창

임준석 목사의 《천국소망 순교신앙》은 염산교회 77인의 순교자 이야기를 모은 내용이다. 이 책은 몇 갈래 특징을 가지고 있다.

첫째, 한국교회 순교자의 맥을 이어 준다.

대동강변의 토마스 선교사를 비롯하여, 백홍준, 주기철 목사, 손양원 목사 등을 다루고 있다. 특히 옥고를 치르고 출옥한 손양원 목사를 강사로 부흥회를 열었던 염산교회에서 77인의 순교제물이 드려진 이야기다.

둘째, 역사에 생명을 불어넣었다.

지역교회의 묻혀 있던 순교역사를 발굴하여 살아 있는 생명의 맥박이 되게 했다. 제직회록, 당회록, 교회록 등의 문헌과 생존한 순교자 유가족의 인터뷰와 목격자들의 증언, 그리고 신문과 사진 자료를 망라하여 집필한 팩트 중심의 다큐멘터리다.

셋째, 처음 사랑의 합창이다.

어느 한 사건, 한 주인공의 이야기가 아니다. 스데반 집사 이후 초대교회의 순교자들과 맥을 같이한 한국교회 순교자들 그리고 염산교회 순교자들의 이야기와, 순교성지를 방문한 순례자들의 감동어린 고백과, 이 책의 독자들이 한마음으로 부르는 대합창이다.

넷째, 위기의 한국교회에 보내는 편지다.

사도시대에 소아시아 에베소교회는 칭찬할 것이 많은 아름다운 교회였다. 그러나 세월이 흐르자 그 교회는 처음 사랑이 식어갔다. "오른손에 있는 일곱 별을 붙잡고 일곱 금촛대 사이를 거니시는 이가" 그들이 버린 처음 사랑을 회개하고 다시 회복할 것을 경고하셨다.

오늘의 한국교회 또한 칭찬할 것이 많다. 그러나 초기의 순교신앙, 곧 처음 사랑이 식어졌음을 고백하지 않을 수 없다. 작금 안팎으로 한국교회 위기론이 회자되고 있다.

저자는 이 책을 펴내는 목적을 이렇게 밝히고 있다.

"순교자의 신앙으로 이 시대에 소금과 빛의 사명을 감당하는 그리스도인이 되기를 소망합니다."

저자의 이 아름다운 꿈이 갈보리 십자가 위의 우리 주 예수 그리스도 안에서 독자세계에 눈부시게 이루어질 것을 확신한다.

크로스웨이성경연구원 원장, 월간목회 발행인
박종구 목사

| 프롤로그 |

단일교회로서는 가장 많은 순교자 77인의 신앙이 깃든 염산교회를 섬기면서 전국에서 탐방 오시는 순례객들을 맞이하며 나 자신에게 질문을 던져 보곤 합니다.

"당시 순교의 현장에 내가 있었다면 나는 어떡했을까? 오늘 나는 순교자의 신앙을 가지고 살아가고 있는가?"

많은 성도들이 주님이 기뻐하시는 믿음의 사람으로 살고픈 간절한 열망을 갖고 이곳을 찾아옵니다. 그들과 함께 순교자의 신앙을 나누면서 저도 많은 것을 배우며 큰 은혜를 받곤 합니다.

순교자의 신앙을 마음에 간직하기를 원하는 많은 분들이 두고 볼 수 있는 책자를 원하시기에 그때 당시의 상황을 최대한 그대로 전하고자 하는 마음으로, 부족하지만 이렇게 순교자의 신앙을 소개하는 글을 쓰게 되었습니다.

교부 터툴리안의 "순교자의 피는 교회의 씨앗이다"라는 외침처럼 오늘의 한국교회가 이렇게 성장한 것은 주님을 위하여 목숨을 버린 순교자들이 있었기 때문입니다.

그런데 오늘날 하나님이 기뻐하시는 믿음으로 주님을 향하여 나아가야 할 성도들이 물질문명의 발달과 함께 세속주의에 빠져

들면서 오늘의 평안과 풍요로움을 당연하게 여기며 의미 없고 가치 없는 일에 분주하게 살아가고 있음을 봅니다.

이러한 때에 우리 믿음의 선진들의 순교신앙을 본받아 순교자적인 삶을 살아간다면 주님께서 기뻐하시는 믿음의 승리자가 되지 않을까 싶습니다.

순교자들은 죽음 앞에서도 조금도 흔들리지 아니하고 돌아갈 천국을 향한 믿음으로 담대히 순교자의 길을 갔습니다. 눈만 감았다 뜨면 열리는 천국을 바라보는 믿음이 날마다의 삶 속에 있었기에 죽음도 이들을 어떻게 할 수가 없었던 것입니다.

이 책을 발간할 수 있게 된 데에는 쿰란출판사 이형규 장로님의 도움이 컸으며, 무엇보다 우리 염산교회 최종천, 성강석, 백남철 세 분 장로님들을 비롯한 여러 성도들의 사랑과 섬김이 있었기에 가능하였습니다.

그리고 언제나 곁에서 든든한 힘이 되어준 나의 사랑하는 아내와 자신들의 위치에서 최선을 다해 살아가고 있는 자녀들이 있음에 더욱 감사를 드립니다.

이 책을 읽는 모든 분들이 순교자들이 가졌던 천국신앙으로 무장하고, 우리를 유혹하는 세상 것들을 뒤로하고 스데반 집사처럼 하늘을 우러러 보며 살아간다면 저에게는 더할 나위 없는 기쁨이 될 것입니다.

순교자의 후손들에게 하나님의 위로와 풍성한 은총이 함께 하시기를 기원하며 주님의 이름으로 축복합니다.

2016년 3월 10일

염산교회 담임목사

임준석

| 차 례 |

01 생명으로 믿음을 증거한 순교자의 길

1866년 토마스 목사가 대동강변에서 흘린 순교의 피로 시작된 순교 역사는 구한말 기독교 선교 초기부터 시작되어 일제 무단통치와 동족상잔의 비극인 6.25한국전쟁에 이르기까지 이루 헤아릴 수 없는 수많은 믿음의 사람들이 순교의 피를 흘렸다.

순교자의 피 위에 세워진 한국교회는 짧은 역사이지만 큰 부흥과 성장을 가져왔다. 오늘날 세계 속에 우뚝 선 대한민국이 있기까지 한국교회와 성도들의 기도와 헌신, 그리고 섬김이 매우 컸음을 아무도 부인할 수가 없다. 한국교회 성장의 밑바탕에 순교자의 피가 흐르고 있음을 우리는 기억해야 할 것이다.

순교자는 자신이 믿는 신앙을 생명으로 증거한 사람들이다. 생명이 소중하지만 바로 이 믿음을 위하여 생명을 내놓을 수가 있었던 사람들이 순교자이다.

순교자들은 초대교회의 스데반 집사처럼 하늘을 우러러 보는 신앙이 있었기에 처참하게 원수의 손에 죽임을 당하는 순간에도 자신의 아픔보다 예수님을 믿지 않고 날뛰는 그들을 더 불쌍하고 안타깝게 여겼다.

하나님의 부르심 앞에 누구나 거역할 수 없이 가야 하는 것이 죽음의 길이다.

인간의 죽음에는 여러 가지가 있다. 그 많은 죽음 가운데 주님을 믿는 믿음으로 간 순교자의 길은 얼마나 아름다운 죽음인지 모른다. 하나님께서 가장 귀하게 받으시는 제물이라 믿는다.

> "다섯째 인을 떼실 때에 내가 보니 하나님의 말씀과 그들이 가진 증거로 말미암아 죽임을 당한 영혼들이 제단 아래에 있어 큰 소리로 불러 이르되 거룩하고 참되신 대주재여 땅에 거하는 자들을 심판하여 우리 피를 갚아 주지 아니하시기를 어느 때까지 하시려 하나이까 하니 각각 그들에게 흰 두루마기를 주시며 이르시되 아직 잠시 동안 쉬되 그들의 동무 종들과 형제들도 자기처럼 죽임을 당하여 그 수가 차기까지 하라 하시더라"(계 6:9-11).

하늘에서도 순교자의 수가 차기를 기다리신다고 하였다.

하나님의 구속사를 조명해 볼 때 구약의 순교자들의 피 흘림은 오실 메시아가 이루실 구속사의 모형이요 그림자이다. 하나님께서는 자기의 종인 선지자들을 통해 택한 백성인 이스라엘 민족에게 말씀하셨다.

"여호와께서 그의 모든 종 선지자를 너희에게 끊임없이 보내셨으나 너희가 순종하지 아니하였으며 귀를 기울여 듣지도 아니하였도다"(렘 25:4).

기독교의 역사는 순교자들의 피 흘림의 역사 속에서 하나님의 참사랑을 예수를 통해 깨닫게 하시고, 믿고 순종하는 자에게 구원을 베푸신다는 생명의 역사이다.

예수께서 말씀하시길 "내가 너희에게 선지자들과 지혜 있는 자들과 서기관들을 보내매 너희가 그 중에서 더러는 죽이거나 십자가에 못 박고 그 중에서 더러는 너희 회당에서 채찍질하고 이 동네에서 저 동네로 따라다니며 박해하리라 그러므로 의인 아벨의 피로부터 성전과 제단 사이에서 너희가 죽인 바라갸의 아들 사가랴의 피까지 땅 위에서 흘린 의로운 피가 다 너희에게 돌아가리라"(마 23:34-35) 하셨다.

마지막 때에는 각각 행한 대로, "선한 일을 행한 자는 생명의 부활로, 악한 일을 행한 자는 심판의 부활로 나오리라"(요5:29)는 예언대로 이루어질 것이다.

진정한 그리스도인이라면 누구나 순교의 영광에 동참하고픈 마음이 있을 것이다. 그러나 순교는 아무나 감당할 수 있는 일이 아니다. 하나님께서 순교의 은혜를 주신 자만이 순교자가 될 수 있다.

▲순교현장에 세워진 순교탑

인간의 생명이란 얼마나 소중한지 모른다. 그러나 예수님을 믿는 우리에게는 생명보다 더 소중한 것이 있다. 예수 그리스도를 믿는 우리의 믿음이다. 순교자들은 이 믿음을 위하여 하나밖에 없는 소중한 생명을 버리기를 아까워하지 않았다.

그리스도를 대적하는 원수들에게 죽임을 당하면서도 원망하지 아니하고 도리어 저들을 긍휼히 여기는 마음으로 용서하며 생명을 바쳤다. 그리고 타협이나 배교로 죽음을 피할 수 있었음에도 이를 거부하고 기꺼이 그리스도를 위해 죽음을 선택했다.

〈세계기독교백과사전〉에서는 "기독교 순교자란 복음을 증거하는 상황에서 인간의 적의에 결과로 명을 다하기 전에 자신의 생명을 잃은 그리스도인"이라고 정의하고 있다.

교회사가 김광수 목사에 따르면 순교자란 "① 원수의 손에 죽음을 당해야 하고, ② 생명이 끊기는 최후의 순간까지 신앙고백에 흔들림이 없어야 하며, ③ 자기를 죽이는 대적의 영혼 구원을 위해 사랑하는 마음을 구현해야 하고, ④ 평소의 신앙생활에 결정타가 없어야 한다"라고 하였다. 터툴리안은 순교를 일컬어 "생명의 피는 천국을 여는 열쇠"라고 하였고, 폴리갑은 "한 시간의 고통을 통해 영원한 삶을 얻는다"라고 말했다.

오늘 우리에게는 순교신앙에 입각한 순교자적 삶을 사는 실천과 행동이 절대적으로 필요하다.

02 한국교회의 순교자

대동강변에서 관군의 칼에 의해 이 땅에 하나님의 말씀인 성경책을 전해 주고 순교한 토마스 선교사를 비롯하여 한국교회의 대표적인 순교자를 살펴보며 순교신앙을 고취하고자 한다.

1) 토마스 선교사(Robert Jermain Thomas, 1840. 9. 7-1866. 9. 2)

▲토마스 선교사

우리나라에 온 개신교 최초의 선교사이며 순교자는 토마스 목사이다.

대원군 집권 3년인 1866년 8월 평양의 대동강에 미국의 상선 제너럴 셔먼 호가 나타났는데 이 배에는 스코틀랜드 성서공회의 후원을 받은 로버트 토마스라는 선교사가

▲한국 기독교 순교자기념관에 소장된 토마스 목사 순교 장면

통역관으로 동승하고 있었다. 그가 바로 한국 개신교의 첫 순교의 피를 흘린 주인공이다.

1840년 영국에서 목사의 아들로 태어난 토마스는 어려서부터 선교에 대한 소망이 남달랐다. 그는 드디어 1863년 24세의 나이에 런던선교회의 파송을 받아 꿈에도 그리던 중국에 도착하게 된다. 중국에서의 선교는 많은 어려움이 따랐다. 부인의 죽음을 비롯해서 다른 여러 갈등으로 인해 한때 선교사역을 포기하려고도 하였지만 세관에서 통역일을 하던 그에게 조선 선교라는 새로운 길이 열리게 된다.

런던으로부터 정식으로 조선 선교를 허락받고 다시 조선에 갈 배편을 찾던 토마스 앞에 제너럴 셔먼 호가 나타났다. 중국을 떠난 셔먼 호는 일주일 후 평양 근처 대동강변에 도착했고 역시 우려하던 대로 조선관군과 무력 충돌이 발생했다. 대동강변에 좌초하게 된 셔먼 호는 불길에 휩싸여 최대의 위기를 맞게 되었다. 이때 토마스 목사도 다른 상인들과 함께 불길을 피해 육지로 나오다가 관군에게 죽임을 당하였다.

결국 토마스 선교사는 1866년 9월 2일, 27세의 꽃다운 나이에 이 세상에서의 삶을 마감하였지만 그의 죽음으로 인하여 조선 땅에 복음의 문이 열리게 되었다. 서툰 한국말 실력에 가진 것이라곤 한문으로 된 성경책 한 권뿐이었지만, 토마스 선교사에게서 성경을 받은 사람들 중에 많은 이들이 훗날 평양의 유력한 신앙인들이 되었다.

토마스 선교사의 목을 친 박춘권은 토마스가 전해준 성경을 받아 읽고 예수를 믿고 장로가 되었고, 토마스 선교사의 순교 장면을 구경하던 12세 최치량은 성경을 가지고 가서 읽고 후에 평양장대현교회 장로가 된다. 박영식은 성경을 도배지로 사용하다가 예수님을 믿게 되었고, 그의 집에 널다리교회가 세워졌는데 바로 평양대부흥운동의 시발점이 된 장대현교회였다.

평양은 동양의 예루살렘으로 불리며 한국 기독교의 중심지가 되었다. 이렇게 상상하지 못한 방법으로 토마스 목사의 순교의 열매가 맺힌 것이다. 토마스 선교사는 조선 땅에 떨어진 한 알의 밀이 되어 죽음으로써 조선에 교회가 세워지는 초석이 되었다.

"내가 진실로 진실로 너희에게 이르노니 한 알의 밀이 땅에 떨어져 죽지 아니하면 한 알 그대로 있고 죽으면 많은 열매를 맺느니라"(요 12:24).

그가 흘린 순교의 피와 목숨을 걸고 전해준 성경은 어둠의 땅을 축복의 땅으로 바꾸어 놓았고, 순교자의 피는 결코 헛되지 않음을 보여 주었다.

"아버지나 어머니를 나보다 더 사랑하는 자는 내게 합당하지 아니하고 아들이나 딸을 나보다 더 사랑하는 자도 내게 합당하지 아니하며 또 자기 십자가를 지고 나를 따르지 않는 자도 내게 합당하지 아니하니라 자기 목숨을 얻는 자는 잃을 것이요 나를 위하여 자기 목숨을 잃는 자는 얻으리라"(마 10:37-39).

2) 한국인 최초 순교자 백홍준(1848-1893년)

1873년, 조선 선교에 뜻을 둔 스코틀랜드 연합장로교회 소속 로스(J. Ross)에게 50대의 상인 한 명이 찾아와 신약성경을 받아갔다. 이 상인이 바로 최초의 개신교 순교자가 된 백홍준 장로의 아버지이다.

백홍준(白鴻俊, 1848-1893)은 평안북도 의주에서 태어났다. 고

▲백홍준

려문에서 로스 선교사에게 성경을 받은 그의 아버지는 자신은 신앙을 갖지 않았지만 아들에게는 성경을 읽을 것을 권했다.

백홍준은 선교사들에게 한국어와 조선의 역사 등을 가르쳐 주었고, 대신 선교사들은 백홍준에게 영어를 가르쳤다.

1879년, 그는 이응찬, 이성하, 김진기 등과 함께 매킨타이어 목사에게 세례를 받고 한국 최초의 개신교 신자가 되었으며 또한 로스 목사의 성경 번역에도 참여하여 우리말 최초의 성경 〈로스역 신약성서〉를 간행하였다.

▲로스역 신약성경(1887년)

그 이후 백홍준은 로스 선교사와 함께 번역한 성경을 한국 사람들에게 전하는 권서의 역할을 한다. 그러다가 당국에 의해 다시 체포되고 만다. 그래서 새로운 성경 반입 방법을 생각해 낸 끝에 성경을 제본하지 않고 중국에서 들여오는 고지(古紙) 사이에 끼워서 반입했다. 이렇게 미제본된 성경 낱장에는 '편견과 두려움이 세워놓은 장벽'을 넘어서 창호지로 쓰여져 집에 드나드는 모든 사람들에게 읽혀지기도 했다.

1887년 9월 27일, 언더우드 선교사가 14명의 신자와 함께 한국 최초의 장로교회 새문안교회를 창립할 때 백홍준은 서상륜과 함께 장로로 추대되었다. 또한 선교사 마펫, 게일 등의 안내자로서 순회 전도 집회를 주선하였다.

그러나 마펫 선교사와 게일 선교사의 길잡이로 의주와 강계 일대를 돌아다니는 백홍준에 대해 관가에서는 적개심을 품었다. 결국 평안감사는 국법을 무시하고 외국인과 내통한다는 혐의를 걸고 백홍준을 체포하여 투옥시켰다. 그는 백홍준에게 배교를 강요하며 목에 칼을 씌우고 온갖 고문을 가하였다.

백홍준은 2년 동안의 옥고를 치르면서 혹독한 고문 등으로 1893년에 옥사(獄死)하여 한국교회 사상 최초의 한국인 순교자가 되었다.

백홍준 장로는 주님을 믿고 조선의 영혼들을 구하기 위하여 성경 번역, 복음 전도, 교회 개척의 사역을 감당하면서 45년의 짧은 생애를 한국교회와 주님을 위하여 바쳤다.

3) 주기철 목사(1897~1944년)

▲주기철 목사

주기철은 1897년 경상남도 창원군 웅천에서 출생하였으며, 1926년 봄, 평양신학교를 졸업하고 30세에 33년 역사를 가진 부산 초량교회에 부임하여 안수를 받았다.

일본군은 부산 용두산에 신사를 짓고 참배를 강요했다. 주 목사는 경남노회가 열리자 신사참배 반대 결의안을 산정하여 채택시켰다. 1931년 35세에 마산 문창교회의 초빙을 받아 사역지를 옮겼다. 문창교회도 역사가 깊은 교회였으나 분쟁으로 상처를 앓고 있었다. 주 목사는 기도만이 해결책이라고 생각하고, 교회 연합과 부흥에 힘을 쏟았다.

1936년 평양에 도착한 주기철 목사는 그 유명한 산정현교회에 부임하여 목회를 하였다. 그런데 1938년 9월 10일 대한예수교장로회 제27회 총회에서 신사참배를 결의했다는 소식이 들려

왔다. 주기철 목사는 깜짝 놀라 몇 번이고 자신의 귀를 만져 보았다. 그는 산정현교회 강단에서 말씀을 통해 총회 신사참배 결의에 대해서 단호하게 "이 일은 우상숭배입니다. 우리 산정현교회 교인들은 철저하게 반대를 해야 합니다"라고 외쳤다. 이러한 이야기가 평양경찰서 고등계 형사의 귀에 들어가게 되고, 결국 평양노회에서도 반대 발언이 문제가 되어 평양경찰서에 구속되고 말았다.

그는 그 후로도 여러 번 감옥에 수감이 되었다.

일제는 1939년 8월 신사참배 정당성을 강조하는 강연을 산정현교회에서 강행했다. 이때 주기철 목사는 사력을 다해 신사참배에 반대하였고 대구 교도소까지 끌려 다니며 7개월간의 옥살이를 하였다.

교회로 돌아온 주 목사는 비장한 각오로 다섯 가지 기도 제목을 가지고 설교하였다.

1. 죽음의 권세를 이기게 하옵소서.
2. 끝까지 고난을 견딜 수 있게 하옵소서.
3. 노모님과 처자를 주께 부탁하나이다.
4. 의에 살고 의에 죽도록 하소서.
5. 내 영혼을 하나님께 부탁하나이다.

일제는 주 목사에게 제의를 했다.

"지금이라도 신사참배에 참여하면 석방을 시키고 목사를 다시 할 수 있게 하겠다."

그러나 주 목사는 "나는 하나님께 이미 내 육신을 드렸으니 어느 누구에게도 참배를 할 수가 없다"라고 하였다.

일제는 주 목사에게 널빤지에 못을 빽빽하게 박아 놓고 신사참배를 하든지, 아니면 이 못 판 위를 걸어가라고 했다.

주 목사는 당당하게 맨발로 못판 위를 한 걸음, 한 걸음 걸어갈 때마다 못이 다 발에 박혀서 피가 철철 흐르고 그런 고통 속에서도 믿음을 저버리지 아니하며 하나님을 포기하지 않았고 사랑의 주님을 배반하지 않았다.

주님을 향한 변함없는 믿음 까닭에 형언할 수 없는 고난과 고문을 당하다가 1944년 4월 21일 그의 나이 48세에 하나님의 부르심을 받았다.

그의 죽음은 단순히 개인이나 충성스런 목사의 죽음을 넘어 한국교회가 저지른 신사참배의 무서운 죄를 속죄하는 속죄양으로서의 죽음이었다.

일제시대에 신사참배에 반대하여 옥중에서 고문을 받다가 생명 바쳐 순교자의 길을 간 주기철 목사, 그가 남긴 "서쪽 하늘 붉은 노을"이라는 제목의 찬양은 지금도 우리의 가슴을 뭉클하게 하며 순교자의 길을 보여 준다.

서쪽하늘 붉은노을 영문밖에 비치누나
연약하온 두어깨에 십자가를 생각하니
머리에는 가-시관 몸-에는 붉은- 옷
힘-없이 걸어가신 영문밖의 길이라네

한발자욱 두발자욱 걸어가신 자욱마다
뜨거운 물 붉은 피 가득하게 고였구나
간-악한 유대병정 포-악한 로마병정
걸음마다 자욱마다 가진포악 지셨구나

눈물없이 못가는길 피-없이 못가는길
영문밖의 좁은길이 골고다의 길이라네
영생복락 얻으려면 이길만은 걸어야해
배고파도 올라가고 죽더라도 올라가세

아픈다리 싸매주고 저는다리 고쳐주사
보지못한 눈을열어 영생길을 보여주니
칠전팔기 할지라도 제십자가 바로지고
골고다의 높은고개 나도가게 하옵소서

십자가의 고개턱이 제아무리 어려워도
주님가신 길이오니 내가어찌 못가오랴
주님제자 베드로는 거꾸로도 갔사오니
고생이라 못가오며 죽음이라 못가오리

주기철 목사의 불의 앞에 굴하지 아니하는 그 믿음의 절개와 주님을 향한 그 신앙의 모습은 많은 사람들에게 큰 감동을 주고 있다.

4) 손양원 목사(1902~1950년)

▲손양원 목사

손양원 목사는 1902년 경상남도 함안에서 출생하여 아버지 손종일 장로의 신앙을 물려받아 성장하였다. 집안에서 최초로 고난 속에 복음을 받아들인 아버지의 단호한 신앙이 그가 한국의 대표적인 목사가 되는 데 많은 영향을 미쳤다.

하지만 일제시대와 6.25전쟁이라는 시대적 상황과 맞물려 많은 고난 속에서 신앙생활을 하였다. 보통학교 시절에는 동방요배

(해뜨는 동쪽의 일왕이 있는 곳에 경례를 하라는 것)를 거절한 이유로 퇴학을 당하기도 하였고, 신학교 졸업 후 여수의 나병환자 요양원인 애양원(愛養園) 교회에서 봉사할 때는 신사참배 거부 등으로 만 5년의 감옥생활을 하다 광복이 되어서야 출옥하였다.

그러나 또다시 1948년 10월 여수 · 순천반란사건이 발생하여 당시 순천에 있던 두 아들이 반란군인 공산분자에게 살해되었다. 계엄군에 의하여 살해범 안재선이 체포되었지만 그에 대한 구명 요구를 통해 그의 목숨을 구하고 자신의 양아들로 삼아 많은 사람들에게 그리스도의 사랑을 전하였다.

하지만 또다시 민족의 비극인 6.25전쟁이 발발하고 여수 지역에서 퇴각을 준비 중이던 공산군에 의해 그는 전향을 거부하였다는 이유로 총살당하였다. 수도 서울이 탈환되던 1950년 9월 28일 새벽, 그의 나이 49세였다.

우리나라 근현대사를 가르는 혼란의 시기에 복음을 받아들인 이후 순교 직전까지 고난 속에서 주님만을 붙들었던 손양원 목사. 그는 마치 순교하기 위해 살았던 사람처럼 일제시대나 6.25 전쟁 때나 복음을 위해서는 죽음을 두려워하지 말아야 한다고 외쳤다. 그의 설교는 첫째도 순교, 둘째도 순교, 셋째도 순교였다.

두 아들의 영결식 때 손양원 목사는 "내 느낀 바 은혜 받은 감사의 조건을 들어 답사를 대신하겠습니다"라고 하며 자그마치 아홉 가지의 감사문을 다음과 같이 읽어갔다.

첫째, 나 같은 죄인의 혈통에서 순교의 자식들이 나오게 하였으니 감사합니다.

둘째, 허다한 많은 성도들 중에 어찌 이런 보배들을 주께서 하필 내게 주셨는지 주께 감사합니다.

셋째, 3남 3녀 중에서 가장 아름다운 두 아들 장자와 차자를 바치게 된 나의 축복을 하나님께 감사합니다.

넷째, 한 아들의 순교도 귀하다 하거늘 하물며 두 아들의 순교이리요, 하나님께 감사합니다.

다섯째, 예수 믿다가 누워 죽는 것도 큰 복이라 하거늘 하물며 전도하다 총살 순교 당함이리요, 하나님께 감사합니다.

여섯째, 미국 유학 가려고 준비하던 내 아들, 미국보다 더 좋은 천국 갔으니 내 마음 안심되어 하나님께 감사합니다.

일곱째, 나의 사랑하는 두 아들을 총살한 원수를 회개시켜 내 아들로 삼고자 하는 사랑의 마음을 주신 하나님께 감사합니다.

여덟째, 내 두 아들의 순교로 말미암아 무수한 천국의 아들들이 생길 것이 믿어지니 우리 아버지 하나님께 감사합니다.

아홉째, 이 같은 역경 중에서 이상 여덟 가지 진리와 하나님의 사랑을 찾는 기쁜 마음, 여유 있는 믿음 주신 우리 주 예수 그리스도께 감사 감사합니다.

끝으로 그는 이렇게 마무리했다.

나에게 분수에 넘치는 과분한 큰 복을 내려 주신 하나님께 모든 영광을 돌립니다. 이 일들이 옛날 내 아버지, 어머니가 새벽마다 부르짖던 수십 년간의 눈물로 이루어진 기도의 결정이요, 나의 사랑하는 한센병자 형제자매들이 23년간 나와 내 가족을 위해 기도해 준 그 성의의 열매로 믿어 의심치 않으며 여러분께도 감사드립니다.

사랑하는 두 아들을 떠나보내는 장례식장에서 억장이 무너지는 쓰린 가슴을 부둥켜안고 사랑하는 두 아들을 총살한 원수를 찾아서 아들로 삼겠다는 그 뜨거운 사랑은 활활 타오르는 예수 사랑의 용광로가 되어서 참석한 사람의 마음은 물론 손 목사를 대하는 모든 사람들의 마음을 녹일 수 있는 힘의 원천이 되었다.

여수 · 순천 반란이 진압된 후 정세는 바뀌었고 동인, 동신 형제를 죽인 자들 중의 하나인 '안재선' 이라는 학생도 체포되어 총살을 당하게 되었다. 그 소식을 들은 손 목사는 계엄사령관에게 찾아가서 "나의 죽은 아들들은 결코 자기들 때문에 친구가 죽는 것을 원치 않습니다. 그 애들은 친구의 죄 때문에 이미 죽었습니다. 만일 이 학생을 죽인다면 그것은 동인, 동신 형제의 죽음을 값없이 만드는 것입니다"라고 하면서 그 학생의 석방을 간청하였다. 그의 간청은 받아들여졌고 손 목사는 그를 손재선으로 바꾸어 자신의 아들로 삼았다.

손양원 목사는 실로 주님이 주신 계명을 말씀 그대로 순종하고 복종하여 실천한 20세기 사랑의 사도요, 성자였던 것이다.

03
염산교회 수난의 시작

1) 손양원 목사의 부흥회

손양원 목사는 믿음으로, 예수 그리스도에 대한 소망으로, 사랑으로, 죽기까지 하나님께 충성한 순교자요, 사랑의 사도였다.

그는 기도를 호흡으로 삼고, 성경을 양식으로 삼고, 전도가 생활이 되어 살았던 사람으로서 원수에게는 사랑으로, 고난받는 개인과 민족을 향해서는 소망을 던져 준 하나님의 종이었다. 또한 그의 설교는 몸으로 하는 설교였으며, 그의 삶과 죽음을 통한 설교였다. 그의 사상에는 항상 민족의 정황이 문제가 되었고, 민족정신을 복음으로 승화시켰다.

그는 오직 하나님만을 섬기며 하나님만을 즐거워하며 사는 하나님 중심 사상과 오직 하나님의 은혜 사상, 국가와 민족의 사랑, 순교의 각오를 가지고 살았으며, 하나님의 말씀 중심, 종말에의 소망의 말씀과 삶의 일치 등을 신조로 삼았다.

성경대로 하나님만을 섬긴 그는 나라와 민족과 교회의 아픔을 자신의 아픔으로 여겼으며, 가장 소외되고 버림받은 한센병자와 두 아들을 죽인 원수까지 사랑했으며, 하나님의 은혜만을 사모하다가 순교한 한국교회의 사랑의 화신이요, 한국교회 130년 교회사에서 세계 교회에 내놓을 수 있는 자랑거리가 되었다.

1948년 5월 18일부터 한 주간 염산교회는 옥고를 치르고 출옥한 손양원 목사를 초청하여 부흥사경회를 개최하였다. 그는 1938년 평양신학교를 졸업하고 1939년 8월 22일 여수시 율촌면 애양원 성산교회에 부임하여 그곳에서 나환자들을 위해 사랑으로 헌신적인 목회 생활을 하였다. 1940년 9월 25일 일본 신사참배 거부로 여수경찰서에 투옥되어 6년간 옥고를 치른 후 1945년 해방을 맞이하여 8월 17일 출옥하였다.

그는 애양원 성산교회에 귀교하여 애양재활병원 원장으로 취임한 후 교회와 병원을 위해 목회 사역을 하는 중에 염산교회 부흥사경회 강사로 초빙을 받았다. 300여 명의 성도들이 모여 큰 은혜를 받아 일사각오의 신앙으로 무장하는 기회가 되었다. 다가올 수난을 대비하게 하시고 순교자의 신앙으로 준비하게 하시는 하나님께서 허락하신 놀라운 집회였다.

염산교회 성도들은 손양원 목사의 메시지를 통하여 담대하게 어떤 어려움도 극복하며 승리하는 신앙을 간직하게 되었다.

2) 6·25한국전쟁 발발 전

▲원창권 목사

염산교회 제2대 교역자인 원창권 목사는 1947년 10월 4일 염산교회로 부임하여 1948년 4월 7일 예배당 헌당 및 원창권 목사 위임식을 거행하였다. 염산교회는 새롭게 조직된 모습과 진용을 갖추고 도약하는 교회로 지역의 중심에 우뚝 서서 구원의 등대로서의 역할을 감당하며 부흥 성장하였다.

그 즈음 이 지역에는 북한에서 해안을 따라 남하한 공산군들과 지역 좌익세력들이 합세하여 월암산을 중심하여 자리를 잡고 있었는데 원창권 목사의 장남 원효섭이 헌병대에서 장교로 근무하고 있었기에 원 목사는 지역 공산주의자들과 좌익세력에게 표적이 되었고 교회를 떠나지 않으면 죽이겠다는 위협을 받았다.

1949년 2월 10일 결국 원창권 목사는 염산교회 담임목사직을 사임하였는데 그 이유는 순전히 유격대원들 때문이었다. 유격대로부터 교회와 교인들의 생명을 지키기 위하여 궁여지책으로 어쩔 수 없이 이사를 했던 것이다.

원창권 목사는 임지가 없는데도 교인들에게 더 이상 피해를 주지 않기 위해 영광읍으로 이사를 했다. 그 와중에 전쟁을 만나 영광읍교회 조희 권사의 다락방에 피신을 하였고 광주로 가는 통로인 밀재 근처에서 만삭이었던 사모와 함께 순교하였다.

3) 1950년 7월 23일 주일

주일 낮까지 예배를 드리고 더 이상 교회당에서는 예배를 드릴 수 없게 되었다. 공산당들은 교회당을 빼앗아 염산면 인민위원회 사무실로 쓰고, 목사관을 그들의 숙소로 사용하였다. 교회를 뺏기고 교인들의 가정에서 비밀예배를 드리게 되면서 초대교회의 카타콤과 같은 생활이 시작되었다.

김방호 목사는 서울에서 신학교를 다니다 아버지에게로 피난 온 현, 정, 목포에서 사범학교를 다니다 올라온 전, 완, 초등학교에 다니던 선웅 그리고 여섯 살 먹은 손녀 연경이까지 데리고 성도들의 가정을 일일이 심방을 하며 말씀으로 권면하고 철저한 신앙관을 심어 주었다.

이때 옥실리에 있는 장병태 성도와 김덕춘 집사가 사택을 빼앗긴 김 목사의 가족을 숨겨 주었다. 김방호 목사와 김화순 사모, 세 아들(전, 완, 선웅) 그리고 손녀(연경)는 예수 믿고 세례 받은 지 3개월밖에 되지 않은 장병태 성도의 집에, 두 아들(현, 정)

은 김덕춘 집사의 집에서 숨어 지내게 되었다.

4) 1950년 10월 7일

▲교회를 복구하는 성도들

9.28서울수복 이후에 퇴각하지 못한 공산군들과 좌익세력에 의해 10월 7일 염산교회는 불길에 휩싸이고 말았다. 성도들의 기도와 헌신으로 마련된 예배당이 사라지던 그날 교인들은 땅을 치며 통곡하였다. 교회당이 불길에 휩싸이자 염산지역의 하늘은 불길로 붉게 물들었다고 당시의 상황을 목격한 사람들은 증언하고 있다.

10월 3일부터 염산교회 77명의 성도들이 3개월에 걸쳐 순교의 길을 가게 되었다.

04

하나님의 뜻을 따라간 염산교회 순교자

1) 77인의 순교자

▲ 77인 순교기념비

전체 교인 3분의 2에 해당하는 77명이 순교의 제물이 된 염산교회는 한국 기독교사에 가장 많은 순교자를 내었다. 10월 3일부터 이듬해인 1951년 1월 6일까지 3개월의 시간이 있었기에 얼마든지 피난이나 대피가 가능하였음에도 불구하고, 염산교회 순교자들은 교회가 불탄 이후에도 숨어서 예배를 드렸고, 순교의 순간이 다가오면 두려워하거나 비굴해 하지 않고 천국을 바라보며 담대하게 순교자의 길을 갔다.

초대교회 순교자인 스데반을 생각하게 한다. 스데반은 살기에 가득 찬 눈으로 자신을 바라보며 이를 갈고 있는 원수들 앞에서 조금도 두려워하지 아니하고 담대한 모습을 보여 주었다.

> "스데반이 성령 충만하여 하늘을 우러러 주목하여 하나님의 영광과 및 예수께서 하나님 우편에 서신 것을 보고 말하되 보라 하늘이 열리고 인자가 하나님 우편에 서신 것을 보노라 한대 그들이 큰 소리를 지르며 귀를 막고 일제히 그에게 달려들어 성 밖으로 내치고 돌로 칠새 증인들이 옷을 벗어 사울이라 하는 청년의 발 앞에 두니라 그들이 돌로 스데반을 치니 스데반이 부르짖어 이르되 주 예수여 내 영혼을 받으시옵소서 하고 무릎을 꿇고 크게 불러 이르되 주여 이 죄를 그들에게 돌리지 마옵소서 이 말을 하고 자니라"(행 7:55-60).

순교자들은 오직 예수님만 바라보았고 돌아갈 천국을 소망하고 있었기에 죽음 앞에서도 담대하며 평안할 수 있었고, 공산세력에 의해 죽임을 당하는 자신보다는 예수님을 알지 못하고 날뛰는 그들을 불쌍히 여기며 용서하고 찬송하며 순교의 제물이 되었다.

그 당시 목격자였던 안종열 목사는 "왜 그때 기독교인들을 무참히 죽이는 일이 있었느냐"는 물음에 "안 믿는 사람들은 공산주의자들에게 위협과 회유를 받으면 쉽게 전향하여 그들과 함께 하는데 예수 믿는 성도들은 어떤 위협과 달콤한 회유에도 흔들리지 않고 전향을 하지 않으므로 예수 믿는 사람은 무조건 죽였다"라고 대답하였다.

그도 그럴 것이, 공산주의에 대해 무지했던 많은 성도들은 김방호 목사로부터 어떤 시험이나 환난이 와도 예수만 의지할 것과 공산주의 사상은 반 기독교적이라는 것을 철처하게 교육받고 깨달았기 때문이었다. 이 땅에서 더 살기를 원했다면 공산주의 뜻을 따르고 타협하며 사는 길을 찾을 수도 있었겠지만 오직 주님만을 바라보는 믿음을 가지고 있었기에 천국을 향하여 담대히 나아갔던 것이다.

당시 담임이었던 김방호 목사의 가르침의 메시지가 장년 성도들로부터 어린 주일학생들에 이르기까지 마음에 깊이 간직되어 있었다.

"예수님을 믿으면 천국 갑니다. 예수님을 믿다가 고난을 받거나 죽임을 당하는 것은 불행이 아니고 영광입니다. 그리고 우리의 상급은 이 땅에 있는 것이 아니라 저 하늘나라에 있습니다."

이 신앙이 성도들의 마음 깊이 자리 잡고 있었다. 이 신앙은 장년 성도로부터 어린 주일학생에 이르기까지 간직한 수난시대에 천국을 소망하게 하는 메시지였다.

죽음 앞에서도 찬송할 수 있었고, 자기를 죽이는 공산세력을 위해 기도하며 용서할 수 있었고, 나는 죽어도 예수님 믿으니까 천국에 간다고 고백할 수 있었던 것은 김방호 목사의 천국에 대한 신앙교육이 얼마나 철저했는지를 알 수 있다.

2) 김방호 목사와 가족의 순교

▲김방호 목사의 가족사진
위 좌편부터 김익, 김삼, 김현, 김정, 며느리(김휼의 처), 김휼
아래 좌편부터 김전, 김완, 김방호 목사, 김선웅, 김화순 사모, 손녀 김연경, 손녀 김옥경

김방호 목사는 1888년 경북 경산에서 평범하고 단란한 가정의 장남으로 태어났다.

▲순교자 김방호 목사

대대적인 만세운동이 경산에서도 펼쳐졌는데, 김방호와 그의 부친 김기삼이 태극기를 나누어 주면서 만세운동을 주도하였다. "대한독립 만세!"를 외치는 군중들을 향해 일본경찰과 헌병들이 무차별 사격을 가하여 수많은 사람들이 피를 흘리며 쓰러졌고 김기삼은 경산읍에서 첫 희생자가 되었다.

일본경찰은 경산읍 만세사건의 주동자라 하여 김방호의 집을 몰수하였고 수배자가 된 김방호는 만세사건에 참여하였던 몇 명의 마을 청년들과 함께 만주로 망명의 길을 떠났다. 그 당시 만주에는 농토를 잃고 고국을 등진 조선 사람들과 독립운동을 위해 망명해 온 사람들이 많았다. 김방호도 여기에서 독립군에 가담하였고 산악훈련을 마친 뒤 압록강을 넘나들며 독립운동을 하였다.

독립군 군자금을 모금하기 위해 함경북도 삼수갑산 지방에 출장을 간 김방호는 찬송가 소리를 듣고 부흥사경회에 참석하였다가 예수님을 영접하게 되었다. 그때 강사 목사가 인천에서 일어난 만세운동으로 남편을 잃고 어린 딸을 데리고 피신해 온 여집사를 소개해 주었는데 훗날 그 여집사의 딸 김화순과 결혼을 하게 된다.

그는 개성으로 내려가 한영서원을 졸업한 후 충청남도 한산, 서천, 전라북도 김제를 거쳐 전라남도 장성군에 있는 소룡리 교회에서 운영하는 사숙에서 어린이들을 가르쳤다. 도대선 선교사의 조사로 활동하며 많은 노력을 했고, 장성에 있는 소룡리 교회의 장로로 장립을 받았다.

장로가 된 김방호는 평양신학교에 입학하여 1933년(26회)에 평양신학교를 졸업하고 전남노회에서 목사 안수를 받아 영광읍교회, 신안 덕산교회, 나주 상촌교회, 영산포교회를 시무하였다.

그의 목회사역은 결코 독립운동보다 쉽지는 않았다. 시시각각으로 조여 오는 일제의 종교 탄압과 나라 잃은 설움은 무엇보다 더 큰 아픔이었다.

공산 세력에 의해 원창권 목사가 사임한 후 생명의 위험이 있는 염산교회를 부임해 오는 목회자는 그 누구도 없었다. 염산교회는 원창권 목사가 공산 좌익들에게 쫓겨 나갔다는 소문이 파다했기 때문에 목회자들 사이에서도 그 누가 염산교회에 부임할 것이라고는 아무도 생각을 하지 못했다.

이렇게 1년 이상 목회자 없이 지역에 준동한 좌익 세력, 악한 영적 세력과 힘겨운 대립을 하고 있던 염산교회에 김방호 목사가 1950년 3월 10일에 "죽으면 죽으리라"는 각오로 제3대 교역자로 부임해 왔다. 그리고 석 달 후 6. 25를 맞게 되는데 김 목사는 교회와 교인들을 주님의 마음으로 사랑하며 천국신앙을 심어 주었다.

염산교회에 수난이 시작되면서 김동근 장로와 그의 아들 김형호 집사가 목선을 준비하여 피난을 권유했지만, "목사가 어떻게 교회와 성도들을 놔두고 목장을 떠나 다른 곳으로 가겠습니까?" 하며 김방호 목사는 피난을 거부하였다. 목자로서 양을 버릴 수 없다는 이유로 준비된 피난길을 마다하고 7월 23일에 공산당들에게 예배당을 빼앗기고 3개월 정도를 카타콤에서와 같은 은신생활을 하는 중에 10월 7일에는 예배당이 불에 타는 것을 바라만 봐야 하는 아픔을 겪었다.

1950년 10월 26일 미군 스파이로 몰려 지방 빨갱이들에게 붙잡힌 김 목사의 여덟 식구(김화순 사모, 아들 현, 정, 전, 완, 선웅, 손녀 연경)는 같은 날 모두 몽둥이에 맞아 순교하였다.

김방호 목사는 피를 흘리고 쓰러지면서도 두려움에 떨지 않고 찬송을 불렀으며, 공산당원들은 찬송을 부르며 죽어가는 김 목사를 무지막지하게 몽둥이로 힘껏 내리쳤다. 김 목사는 자신을 죽이는 그들을 미워하기보다는 오히려 그들을 용서하고 찬송을 부르면서 영광된 순교의 길을 갔던 것이다.

또한 김 목사의 장남 흩은 목포에서 교편생활을 하며 '기독청년연합회장' 의 신분으로 활동하던 중 좌익에 있던 학생의 고발로 야산에 끌려가 순교하였다.

고몽룡 성도(당시 35세)가 김방호 목사의 순교한 때를 회상한 내용이다. 【〈크리스찬신문〉 (1987년 4월 25일 토)에 기재됨.】

김방호 목사님이 순교할 때였어요, 하늘에서 밝은 빛이 비추었어요. 그러자 공산당들은 "저놈이 천당 가나 보다"라고 소리를 쳤지요. 정말 하늘에서 이상한 빛이 비추이는 것을 모두 보았지요.

바로 아침이었죠. 내가 선창가로 나가 보니 김 목사님과 허상 장로님 두 분이 계셨어요. 내가 그분들께 인사를 하려고 하자 목사님은 나에게 눈을 끔벅여 대며 모르는 사이처럼 하라는 시늉을 하셨지요.

나중에 안 일이지만 내가 다칠까봐 그러신 거죠. 그날 저녁에 순교하셨어요. 그때는 신자들에게 주의를 줄 때였어요. 우리 교인들에게 모두 몸조심하라고 일렀지요.

그때 나도 교회를 다녔는데 술과 담배를 하고 성깔이 있어서 그들은 내가 진실한 교인인 줄을 몰랐죠. 그래서 피해를 면했지요. 아마 지금껏 살게 해주신 것도 하나님의 은혜죠.

지금 교회가 세워진 곳이 우리 집 자리였는데 어느 날인가 공산당들이 와서 총을 겨누면서 나를 나오라고 소리를 치더군요.

늘 여러 곳으로 피해 다니다가 그날따라 집에서 잤는데 갑자기 꼼짝없이 잡혀서 수문 쪽으로 끌려가다가 구사일생으로 살아남았지요. 생각해 보면 나를 살려주신 것에 고마움을 느껴요.

3) 허상 장로와 부인 이순심 집사의 순교

▲순교자: 허상 장로

▲순교자: 이순심 집사

허상 전도사는 1939년 일제 강점기에 시작한 염산교회의 초대 교역자로 교회를 섬겼다. 평소에 허 전도사는 입버릇처럼 "나는 은퇴를 하더라도 교회와 성도들을 위해 기도하다가 이곳에 묻히고 싶다"는 말을 하곤 하였다. 교회에서는 허 전도사를 그동안 주님을 섬기는 일에 모범을 보여 왔던 김동근 집사와 함께 1946년 4월에 장로로 장립을 받게 하였다.

염산교회의 초대 교역자였던 허 전도사는, 그렇게 초대 장로가 되어 2대 원창권 목사와 3대 김방호 목사를 헌신적으로 섬겼다. 그리고 교회와 성도들을 위해 기도하며 경건한 삶을 살던 중 1950년 10월 13일에 부인 이순심 집사와 함께 순교하였다.

허상 전도사는 1879년 전남 광주에서 태어났다. 예수 믿기 전에는 술주정꾼으로 광주에서 소문이 난 사람이었다. 하도 술을 많이 마셔서 주독이 들어 코가 딸기코로 변해 버릴 정도였다고 한다.

▲허화준 목사
(허상 전도사의 동생)

어느 날 그는 동생 허화준이 목사가 된다는 소리를 들었는데 동생이 교회의 목사가 아닌 고을의 목사(고급 관리)가 된 줄로 알았다.

"내 동생이 그런 훌륭한 사람이 됐는데 동생을 위해서라도 사람답게 살아야지" 하며 그 길로 교회에 다니기 시작했다. 그의 나이 39세였다.

그는 동생을 위해 예수를 믿게 된 것이 결국 신앙의 포로가 되어 술, 담배를 끊고 1935년까지 광주 양림교회 교회학교 교사와 집사로 봉사하면서 겨울 농한기가 되면 광주 오원기념각에서 개최하는 달 성경학교에 매년 참가하였고 3년의 과정을 이수하였다.

1936년에 영광군 군남면 포천교회의 전도인으로 부름을 받아 교회를 섬기다가 1939년 9월 20일에 시작된 염산면 옥실리 이봉오의 집 기도처에 1주일에 한 차례씩 방문하여 예배와 전도를 전담했다.

이봉오는 그의 부인이 큰 병에 걸리자 귀신이 든 줄 알고 야월교회를 나가기 시작했다. 하지만 그때만 해도 야월리는 섬이었기 때문에 나룻배를 타고 다녀야 하는 어려움이 있어서 군남면 포천에 있는 교회를 다녔는데 그것도 너무 힘이 들어 옥실리에 기도처를 만들었던 것이다.

10여 명의 교인이 생기자 초가 3칸 18평 교회를 지어 옥실리교회를 창립하여 허상 전도사가 첫 교역자로 부임하였다.

강대상에서 선포되는 말씀은 불을 뿜어 쏟아내는 것 같은 강렬함이 있었고, 많은 사람들이 은혜를 받아 교회에 모여들었다. 특히 봉남리(설도)에서 교인들이 신앙생활을 많이 하게 되었다.

그리고 해방이 되면서 염산면의 면사무소 등 소재지가 설도로 옮겨지면서 1947년에 설도로 교회를 이전하고 초가 28평으로 염산교회를 건축하였다.

어느덧 염산교회는 크게 성장하였으며 허상 전도사는 장로로 장립을 받아 교회를 섬기는 중에 원창권 목사를 초빙하여 당회장으로 모셨다. 허상 장로는 원창권 목사를 잘 받들어 섬기며 교회와 성도들을 위해 기도하는 일에 모범적으로 열심을 다했다.

▲옥실리에 세워진 최초의 염산교회(1942년)

대한예수교장로회(통합) 90회 총회장을 역임했던 안영로 목사는 굉장히 사랑이 많고 인자하신 분이었다고 허상 장로를 소개한다. 그는 언제나 양쪽 호주머니에 손수건을 넣어 가지고 다니면서 코를 조금 흘리는 아이는 더 깨끗한 손수건으로, 많이 흘리는 아이는 좀더 축축한 손수건으로 코를 닦아 주었다고 한다. 이 아이 저 아이 닦아 주다 보니 어린 아이들의 눈에는 그렇게 비쳐졌을 수도 있었을 것이다.

특히 어린 안영로에게는 만날 때마다 머리에 손을 얹고 훌륭한 목회자가 되게 해달라고 기도해 주며 “너는 커서 꼭 목사님이 되라”며 축복해 주었다고 회상한다.

그러던 중 6 · 25전쟁이 일어났다. 많은 사람들이 남으로 피난을 가고 있었지만 허상 장로 부부는 피난을 가지 않고 자신의 집에 머물면서 매일 기도로 나날을 보내며 김방호 목사를 도와 교인의 가정을 방문하며 권면하는 일에 최선을 다했다.

결국 허상 장로도 1950년 10월 13일에 공산당들에게 붙잡혔다. 박종화 장로(이리 신광교회)의 증언에 의하면 하얀 한복을 입고 새끼줄로 묶인 채 끌려가는 허상 장로는 공산당들이 죽창으로 찌를 때마다 “아멘! 아멘!” 하며 아픔을 참아내면서 한 걸음 한 걸음 내딛었다고 한다. 봉덕산 한시골에 끌려가 “내 평생 소원 이것뿐 주의 일 하다가 이 세상 이별하는 날 주께로 가리라” 찬송하면서 자신을 죽이는 그들을 불쌍히 여기는 마음으로 용서하고 기도하며 칼과 대창과 돌에 맞아 순교하였다.

부인 이순심 집사는 허상 장로가 끌려가자 “나도 장로님과 함께 천국 가게 해 달라”며 울면서 남편을 뒤쫓아 가서 남편과 함께 순교했는데 “하나님, 감사합니다. 공산군들을 용서해 주세요”라고 하며 마지막 숨이 끊어지는 순간까지도 하나님께 감사를 드렸다.

그의 아들 허숙일은 후에 목사가 되어 감리교단에서 목회를 하다가 하나님 품에 안겼고, 손자 허민구 목사도 서울 중앙대학교 대학교회를 시무하다 천국에 입성했으며, 지금은 증손자 허경제 목사가 경기도에서 목회를 하고 있다.

4) 노병재 집사와 그의 친족 22명의 순교

▲순교자: 노병재 집사

노병재 집사와 3형제의 친족 22명이 순교하였다.

노병재 집사는 1904년 전남 나주군 공산면에서 출생하였는데, 그는 원래 창고업을 하던 사람이었다. 무인도에 사람이 살게 되면서 설도항을 통해 생선, 소금, 젓갈 등 상권이 활발하게 돌아간다는 소식을 접하고 일가족이 나주 공산에서 이곳(염산)으로 이사 왔는데 창고업을 하면서 바닷길을 통해 사업을 성공적으로 하였다.

큰 사업을 한다는 이유로 처음에는 신앙생활과는 거리가 먼 삶을 살았지만, 어머니 김식산 집사의 눈물어린 기도로 8 · 15해방을 맞이하면서 염산교회에 출석하게 됐다. 예수 그리스도를 생명의 구주로 영접하고서는 누구보다도 열심히 기도에 힘쓰며

교회 일에 앞장서는 등 기둥 같은 일꾼이 되었다.

1948년 손양원 목사가 인도하는 부흥회에서 은혜를 크게 받고 부인 장일영 집사와 같이 교회 봉사에 전념하였다.

조애순 권사는 이렇게 증언하고 있다.

"노병재 집사는 큰 장사를 했지. 큰 배가 3척이나 있었고 멀리 배를 타고 장사를 다녔어. 그래서 신앙생활을 제대로 못했었는데 믿음 좋은 어머니(김식산 집사)의 기도로 하나님 앞에서 열심히 신앙생활을 하게 됐지. 허상 장로님을 모시고 열심히 신앙생활을 하는 가운데 설도에서 옥실리까지 새벽기도회를 다니더니 새벽에 혼자 다니기가 힘들다고 형제들이랑 마을 사람들을 깨워서 함께 새벽기도를 다녔어. 그렇게 믿음이 좋은데 그놈들이 가만히 놔두겠어? 그런 믿음이니까 바닷물 속에 빠져서도 찬송을 불렀겠지."

다음은 고몽룡 성도(당시 35세)의 증언이다.

"안타까운 것은, 노병재 집사는 3형제 가족들이 하루저녁에 모두 순교했어요. 바닷물 속에 빠뜨려 죽였지요. 공산주의자들이 그를 잡으러 집으로 갔을 때 나오라고 소리를 치자 그는 '기도하고 나갈 테니 기다려달라' 고 부탁하고 잠시 동안 기도하기를 마친 후 그들에게 붙잡혀 돌을 매달고 바닷물에 수장되었어요. 그런데 그는 참 신앙이 좋은 집사였죠. 찬송가를 부르면서 바다를 헤엄쳐 다녔어요. '천성에 가는 길 험하여도 생명길 되나니 은혜로다…….'"

▲순교자: 노병재 집사, 장일영 집사, 노육차

공산당들은 이런 노병재 집사의 가족을 가만두지 않았다. 일가족을 새끼줄로 묶어 교회 바로 밑에 있는 설도항 수문통으로 끌고 가 돌을 매달고 바닷속으로 내던졌다. 바닷물에 빠진 상태에서도 노병재 집사는 바다물결이 출렁이는 파도 속에서 하늘을 우러러 쳐다보면서 마지막까지 찬송을 부르다가 순교하였다.

본능적으로 살고 싶은 욕망이 있어 사람 살려 달라고 외칠 법도 한데 천국이 바로 눈앞에 있었기에 오히려 "내 주를 가까이 하게 함은 십자가 짐 같은 고생이나~~~, 천국에 가는 길 험하여도 생명 길 되나니 은혜로다" 찬송하며 순교자의 길을 간 것이다.

이렇게 노병재 집사는 부인 장일영 집사와 어머니 김식산 집사 그리고 자녀인 순기, 옥기, 준호, 무곡, 오차, 육차 등 식구 아홉 명이 바다에 던짐을 받아 순교의 제물이 되었다.

순교자 김삼동 집사의 장녀인 김순금 권사(광주 새순교회)는 당시의 장일영 집사를 회상하기를, 대단한 미인이고 멋쟁이였다며 열심히 신앙생활을 하는 모습을 보면서 '나도 이담에 크면 저렇게 신앙생활을 해야지' 라고 다짐하곤 했다고 한다.

▲순교자: 노병인

친동생인 노병인 성도도 붙잡혔다. 그들은 노병인을 설도로 끌고 와서 분주소에 3일 동안 묶어 놓았다가 바닷물에 식구들과 함께 수장시켰다.

조애순 권사는 순교자 노병인에 대하여 이렇게 증언한다.

"아주 똑똑한 사람이었어. 이장이랑 함께 김삼동 집사 집에 숨어 있다가 산으로 피신했었는데 공산당들에게 잡혀서 설도 바닷가 해수집(식당)에 3일 동안 묶여 있다가 빨갱이들이 그 식구들도 잡아내어 함께 바닷물에 밀어 넣었지. 그동안 어디에 숨었었는지, 누가 숨겨 주었는지, 먹을 것은 누가 대 주었는지 고하라며 몽둥이질을 해댔지만 끝까지 입을 열지 않고 죽어갔어."

노병인 성도와 부인 이선임, 그의 자녀들 원례, 용길, 용남, 정자, 신자 등 일곱 식구가 역시 수문통에서 수장되어 순교의 제물이 되었다.

사촌간인 노병규 성도의 가정도 부인 박귀님과 자녀들 상기,

▲순교자: 노정자

▲순교자: 노신자

옥순, 일석, 경남 등 여섯 식구가 함께 같은 장소에서 순교자의 길을 갔다.

▲순교자: 노병규 어린 시절

조애순 권사는 이렇게 말한다.

"우리 시숙(노병규) 식구는 농사를 짓고 살았지만 교회를 다니고 아들 노상기가 지서에 다닌다는 이유로 다 물에 빠뜨렸어."

"공산당들이 집에 들이닥쳐 다 나오라고 불러냈는데 6살 먹은 막내딸(옥화)은 이불을 뒤집어 쓴 채로 깊이 잠들어 있었기에 다른 식구는 다 죽고 그 아이 혼자만 살았어. 내가 그 아이를 키워서 학교 보내고 결혼시켜서 지금은 일본에서 살고 있지."

"예수 믿는 집안이라고 다 몰살시켜 죽였는데 우리는 마침 임자도로 피난 갔기에 살았지."

5) 김삼동 집사의 순교

김삼동 집사는 주님의 사랑으로 주님의 몸된 교회와 성도들을 섬기는 일에 앞장섰다. 김삼동 집사의 딸 김순금 권사(당시 12살)는 그때 일이 생생하다며 가슴을 저며 내는 증언을 한다.

"아버지께서는 혼자서만 설도 이장 이 아무개와 순교자 노병인이 숨어 있는 곳을 알고 계셨어요. 그래서 새벽이면 밥을 지어다가 대바구니에 넣어서 토끼풀 베러 다니는 것처럼 하고 밥을 갖다 주시곤 했어요. 돌아오실 때는 언제나 옷에 이슬이 촉촉하게 젖어 있었지요. 어느 날 아버지께서 점심상을 차려놓은 어머니에게 '공기가 이상하다' 며 동생(당시 세 살)을 무릎에 앉히고 밥을 떠먹이고는 자리를 피했는데 사람들이 몰려 왔어요. 아버지를 잡으러 왔다는 거예요. 온 집안을 뒤졌지만 아버지를 찾지 못하고 그 사람들은 돌아갔는데 조금 있으니까 내 친구가 찾아와서 '느그(너희) 아부지 죽었어야(죽었단다)' 하는 거예요. 놀라서 얼른 뛰어 갔더니 그 사람들이 가마니로 아버지를 덮어 가지고 마을 뒤 산에다 끌고 가서 버렸어요. 그때 우리 엄마가 막 울면서 호미로 땅을 파고 아버지를 묻어 드렸지요."

"아버지가 어머니보다 신앙이 좋으셨던 것 같아요. 주일이면 하루종일 교회에 가서 산다고 어머니께서 아버지를 향하여 역정 내시던 것을 여러 번 봤어요."

"교회만 알고 남 좋은 일만 하더니 자기 자식도 감당 못하고 이 고생 시킨다고 눈물 흘리며 넋두리하는 것을 많이 보면서 컸어요."

순교자 김삼동 집사의 아들인 김영암 목사는 당시 세 살이었기에 그 상황은 잘 모르지만 어머니께서 생존해 계실 때 늘 말씀해 주셨다며 아버지에 대하여 이렇게 이야기하고 있다.

설도 이장 이 아무개와 노병인이 그들을 쫓는 빨갱이들을 피하여 아버지 집으로 찾아 왔는데 아버지는 친구인 그들을 집 헛간의 잿더미 속에 굴을 파고 숨겨주었다. 그러자 어머니는 염려스러워서 "저 사람들을 숨겨주었다가 발각되면 어떻게 될 줄을 몰라서 이러느냐"고 하자 아버지는 "친구라고 찾아 왔는데 어떻게 그냥 돌려 보내겠느냐" 하며 약 3개월 동안 숨겨 주었다고 한다.

포위망이 좁혀 오자 더 이상 집에 숨겨줄 수가 없음을 깨닫고 뒷산으로 피신을 시켰다. 그때가 초가을이라서 쌀쌀한 날씨였기에 따뜻한 옷이라도 입혀 보내려고, 아버지가 일본에 징용으로 끌려가 3년 있다가 올 때 얻어 와 보관하고 있던 옷을 꺼내서 입혀 보냈다. 그리고 사람들의 눈에 띄지 않게 계속하여 그들에게

먹을 것을 갖다 주었다.

설도 이장은 추위와 배고픔을 더이상 견디지 못하고 산에서 내려와 자수를 하고 말았다. 김용시 장로와 김금배 장로에 의하면, 공산당들이 설도 이장에게 "그동안 어디에 숨어 지냈으며 그 옷은 누가 준 것이냐?"고 취조하자 김삼동 집사로부터 도움을 받아 피신하였고, 먹을 것을 공급받고, 옷을 얻어 입은 사실을 털어 놓았다고 한다.

공산당들은 그에게 "너는 이장 한 지가 얼마 되지 않아서 나쁜 짓을 많이 안 했으니까 살려 줄 것이고, 김삼동은 예수를 믿는 데다가 예수 믿는 사람들을 숨겨 주지 말고 고발하라고 했음에도 불구하고 피신시키는 반동을 했으니까 죽이겠다"고 했다. 다음날 김삼동 집사는 옆집에 피신해 있다가 붙잡혀 죽임을 당했다.

김삼동 집사의 아들 김영암 목사는 "아버지가 쫓기는 친구들을 숨겨두면 어려움을 당하고 죽을 줄 알면서도 사랑을 베풀었던 것은 바로 하나님이 주신 사랑의 능력이었다고 생각한다. 나는 아들이기에 아버지의 역사적인 사건을 기억하고 있지만 그러나 그 믿음에는 근처에도 가지 못할 것 같은 부족한 모습이다"라고 말한다.

6) 기삼도와 청년들의 순교

목포성경학교를 다니며 주의 종의 길을 가기를 원했던 기삼도 청년은 외부 사정을 교인들에게 알려 주었으며, 늘 김방호 목사와 그의 가족들이 숨어 있는 옥실리와 설도를 왕래하며 소식을 전해 주었다.

당시 염산에서는 외지에서 공부하던 청년들이 모여 '국군이 진주하면 환영하자' 며 태극기를 만들고 있었다. 매사에 적극적이고 열심이었던 기삼도는 김방호 목사의 두 아들이 숨어 있는 김덕춘 집사의 집에 와서 "설도에서 태극기를 만들고 있는데 내가 재료를 가지고 올 테니 여기서도 태극기를 만들자"며 권하기도 하였다.

설도에서는 국군환영대회를 위하여 태극기를 만들던 많은 청년들이 좌익들에게 발각되어 죽임을 당했다.

기독교대백과사전 11권 618쪽에는 이렇게 기록되어 있다.

> 9월 28일 서울수복 이후 영광에 국군과 UN군이 진주한다는 소문이 퍼지고 이들을 환영하는 우익 청년들의 만세환영대회가 열렸다. 이를 기화로 미처 후퇴하지 못했던 공산군의 보복행위가 시작되었다. 10월 7일 염산교회 교인 기삼도(목포성경학교 학생), 노용길(광주숭일학교 학생), 노순기(목포성경학교), 노

옥기, 노원례 등의 청년들이 붙잡혔다. 기삼도는 공산군의 창에 찔려 순교하였으며 염산교회당은 잿더미로 화하였다. 나머지 청년들은 새끼줄에 서로 얽혀 매인 채 바닷물에 수장되었다.

김용시 장로의 증언에 의하면, 교회당이 불에 타고 있을 때 김방호 목사와 가족이 숨어 있는 곳에 와서 이 소식을 전하였고 멀리서 불타는 교회를 바라보며 눈물 지으며 안타까워했다. 이렇게 열심히 활동하고 있는 기삼도를 눈여겨 보고 있던 공산세력은 설도에 갔다가 옥실리 집으로 돌아오는 제방 둑에서 기삼도를 잡아 창으로 찔러 죽였다.

고몽룡 성도(당시 35세)는 당시를 이렇게 증언한다.

"제일 먼저 순교한 사람이 기삼도인데 그의 어머니(정도례 집사)가 신앙이 무척 좋으신 분이었어요. 기삼도가 집에 동네 청년들을 모아 놓고 태극기를 그렸어요. 그것이 발각되어 잡아다 놓고 매질을 하며 누구와 함께 그렸느냐고 이름을 대라고 추궁해도 입을 꽉 다물었지요. 만약 그가 입을 열었다면 동네 청년들은 모두 죽었을 거예요. 그대로 순교했죠. 이런 끔찍한 일들이 3개월 동안이나 계속되었어요."

목사가 되기를 소원했던 기삼도는 끝내 그 꿈을 이루지 못하고 24세의 젊은 나이에 하나님의 부르심을 받고 산천초목이 지켜보는 가운데 장엄한 순교자가 되었다. 기삼도의 죽음은 마치 초대교회 스데반의 순교와도 같았다.

1951년 1월 6일에는 기삼도의 어머니 정도례(세례)도 순교했다.

7) 김옥자와 자매들의 순교

10월 13일 김만호 장로와 박귀덕 권사의 딸 4명(15살 옥자, 11살 금자, 9살 신자, 3살 미자)이 순교하였다.

이들은 죽어야 할 이유가 없는 순진한 어린아이들이었지만 단지 예수 믿는 집의 자식이란 이유로 수문통에 수장을 당하였다. 열다섯 살 언니 옥자가 세 살배기 동생 미자를 등에 업고 금자, 신자와 함께 끌려가는데 어린 미자가 등 뒤에서 울기 시작했다. 이때 옥자는 우는 동생을 향해 "울지 마라, 우리는 지금 천국 가고 있단다. 천국 가니까 울지 마라. 울지 마라" 하고 달래며 순교 현장으로 끌려갔다.

바닷가 수문통에 가서도 어린이답지 않게 전혀 두려워하는 기색이 없이 침착하게 "하나님! 우리를 천국 보내 주시니 감사합니다. 저 아저씨들 용서해 주세요"라고 기도하며 순수하게 죽음을 받아들이는 담대한 모습에 수장을 시키는 공산당원들과 이 일에 가담한 좌익세력들이 오히려 두려워 떨었다고 한다.

이때 한 사람이 대검으로 옥자와 등에 업힌 미자의 목을 쳐서 바다에 던져 버렸다. 물이 빠져나간 후에 세 살배기 미자가 언니

등에 업힌 채 둘이 다 목이 잘려져 나간 상태로 발견되었다. 마을 사람들은 눈물을 흘리며 두 자매를 돌팍재 양지 바른 산에 묻어 주었다.

▲딸들의 순교를 증언하고 있는 박귀덕 권사

네 자매의 어머니인 박귀덕 권사는 증언하기를 "아무 죄가 없지만 예수 믿는다고 죽였지요. 그때는 믿는 사람은 다 잡아다 죽잉께(죽이니까). 인공 놈(공산당)들은 믿는 사람이라면 제발로 여깅께(제일 싫어하니까), 죄 없지만 믿는 집 애기들이라고 다 죽였지요. 우리는 천국 간다, 천국 가니까 울지 마라, 울지 마라 하고 가서 죽었단 소리를 들응께(들으니까)…… 등거리서 모가지만 없어. 말도 못해라우(못해요). 못 죽으니까 살았제(살았지)" 하며 눈물을 흘렸다. 그리고는 "즈그(그 애들은)는 천국 갔을 것이요"라고 말하였다.

"우리는 천국 가니까 울지 마라" 하고 동생들을 달래며 수문에 끌려가서 수장당한 네 자매의 천국신앙은 우리로 하여금 많은 도전을 받게 한다.

8) 김조남과 그 가족의 순교

김방호 목사에게 목선을 준비해서 피난을 권했던 김동근 장로와 아들 김형호 집사 가족이 순교하였다.

그들은 교회의 기둥같이 주님을 섬겼고 지역에도 많은 덕을 끼쳤다고 한다. 김동근 장로와 아들 김형호 집사도 잡혀서 분주소에 며칠간 갇혀 있다가 수문으로 끌려가는데 평소에 많은 도움을 받았던 당원 가운데 한 사람이 '이분들은 이 지역을 위하여 돌아가시면 안 될 분들이다' 라는 생각이 들어 끌려가는 사람들 속에서 가만히 뒤로 빼내 주어서 구사일생으로 살아남게 되었다.

그렇게 김 장로와 아들 김 집사는 피신을 했고, 공산당들이 김동근 장로와 아들 김형호 집사를 잡으려고 혈안이 되어 그 집에 들이닥쳤다. 그들을 찾지 못하자 김 장로의 부인 되는 양정자 성도와 딸(김순임), 그리고 외손자(이희연)를 산골짜기로 끌고 가서 생매장을 시켜 버렸다.

▲순교자 김옥자, 금자, 신자, 미자의 부친 김만호 장로(오른쪽)
순교자 김조남의 부친 김형호 장로(왼쪽)
김만호 장로와 김형호 장로는 친형제로서 모친(양정자)과 누이(김순임), 조카(이희연)도 1950년 12월 4일에 순교하다.

그들은 또 김 장로 부자를 잡겠다고 다시 그 집에 쳐들어갔는데 그때는 광주에서 초등학교를 다니다가 전쟁 때문에 집에 와 있는 열한 살 김조남 어린이가 집에 혼자 있었다. 그들은 어린 김조남을 세워 놓고 다그쳤다.

"네 할아버지와 아버지 있는 곳을 대라. 그러면 살려 줄 것이고 안 가르쳐 주면 죽여 버리겠다."

당시에는 사람을 짐승 잡듯이 막무가내로 잡아 죽이는 때였다. 이렇게 두려운 상황 속에서도 열한 살 김조남 어린이는 전혀 떨지 않고 공산당들 앞에서 담대하게 "나는 아버지와 할아버지 있는 곳을 몰라요. 그리고 나는 예수님을 믿으니까 죽어도 천국에 갈 수 있어요"라고 말했다. 그러자 한 공산당원이 잔인하게도 김조남 어린이의 입을 손으로 찢어서 죽이고 말았다. .

어린 나이에 처참하게 죽임을 당한 김조남은 '나는 예수님을 믿으니까 죽어도 천국에 갈 수 있다'는 확실한 믿음을 가지고 천국을 향하여 갔다.

9) 그 외 순교자들

▲수장당하는 장면

그 외에도 성도들이 여러 모양으로 순교를 했는데 목에 돌을 매단 채 바다에 수장당했는가 하면, 돌과 몽둥이에 맞아 죽임을 당하고, 칼에 목이 베이기도 하고, 죽창에 찔려 죽기도 하고, 구덩이에 생매장을 당하기도 했다.

그렇지만 염산교회 순교자들은 죽음 앞에서 두려워 떨지 않고 담대하였다. 그들 앞에는 돌아갈 천국이 있었기 때문이다. 당시에 성도들이 가진 천국신앙은 죽음도 이겨내는 순교신앙이었다. 이 땅에 살고 있으나 하늘을 우러러 보는 신앙으로 죽음 앞에서도 두려워 떨지 아니하고 순교자의 길을 갔다.

설도 수문 옆에 분주소(파출소)가 있었는데 순교자들은 그곳에 갇혀 고문을 당하면서도 찬송을 불렀다. 당시에 밖으로 울부짖는 소리와 찬송소리가 들려왔다고 목격자들은 증언한다.

순교자들이 가졌던 천국신앙, 죽어도 다시 사는 부활신앙은 그 어떤 것이라 하여도 그들을 그리스도의 사랑에서 끊어지게 할 수 없었던 것이다.

05 순교의 현장에서 헌신한 사람들

1) 순교자 시신 수습에 헌신한 안종열 전도사

▲안종열 목사

염산교회는 한국전쟁이 일어나면서 순교의 피바다가 되었다. 지방 공산당원까지 끼어서 밤에는 공산군의 시대가 되고 낮에는 국군과 경찰관이 치안을 맡는 이색지대가 되고 말았다. 그래서 이곳은 다른 지역에 비해 많은 피살자가 나왔는데 특히 공산당들은 예수 믿는 사람들을 닥치는 대로 죽였던 것이다.

안종열 전도사는 하나님의 은혜로 한 경찰관의 도움을 받아 죽음의 현장에서 가까스로 목숨을 구할 수 있었다. 그는 그 은혜에 보답하기 위해서 사방에 널려 있는 교인의 시신을 찾아 나섰다. 팔 다리가 잘려나간 시신들, 갯벌 속에 처박혀 있는 시신들, 뒤엉켜서 악취를 풍기는 시신들, 바닷물에 몸이 불어서 둥둥 떠다니는 시신들, 그리고 형체를 알아보기 힘든 시신들은 평소에 입었던 옷을 보고 확인을 하였다. 그는 끼니를 거르고 코피까지 흘려가면서 시신들을 찾아 안장하는 일에 전념하였으며, 가족을 잃고 애달파하는 유족들에게는 직접 찾아가서 위로하였다.

이런 가운데도 하나님의 은총 속에 교회가 회복될 수 있는 기회가 왔다. 1951년 2월 21일(수요일 밤), 살아남은 성도들이 농협 창고에 모였다. 그들은 땅 속에 묻어 두거나 항아리 속에 감추어 두었던 성경책과 찬송가를 꺼내 왔다. 광주고등성경학교 재학생이었던 안종열 전도사의 인도로 수복 후 첫 예배를 드렸는데 당시의 교회록은 이렇게 기록하고 있다.

> 주후 1951년 2월 21일 수요일 염산에 진주 후 첫 삼일 기도회가 염산 농업창고에 안종열 전도사의 인도하에 모이니 김동근 장로님 이하 유아까지 43명. 감격에 벅찬 눈물, 순교성도의 피의 호소소리, 남은 성도의 자제들의 피눈물, 지난날의 잘못을 회개하는 눈물이 바다를 이룰 듯 앞날을 주께 부탁하며 충성을 맹세하는 두 주먹. 이날이 염산에 복 실어오는 첫 날이었다. 6장 찬송을 목놓아 부르고 '무너진 제단을 건축할 성도의 심정'이란 제목의 설교로써 첫 발걸음 옮기다.

후에 안종열 전도사는 염산교회 제6대(1955. 2. 3~1956) 교역자로 섬기기도 했다.

2) 목숨 걸고 김방호 목사를 모신 성도들

(1) 장병태 성도

▲장병태 성도

옥실리 장병태 성도는 목사님 가족을 좁은 골방에 모시고 3개월 동안 대소변까지 받아내면서 식사를 대접하며 돌보았다.

장병태 성도의 아들인 장송용 집사는 당시 아홉 살의 어린 나이에 김방호 목사에게 세숫대야에 물을 담아서 갖다드린 일을 떠올리며 "우리 바로 옆집에 공산당들이 모여 있었기에 김 목사님 가족은 낮에는 골방에서 꼼짝도 못하고 은신해 있다가 밤이 되면 잠깐 식구들이 있는 방으로 나와서 무슨 말씀을 하시고 금방 들어가시던 모습이 생생하다"고 말하였다.

장병태 성도도 김방호 목사를 숨겨주었다는 죄목으로 공산당들에게 붙잡혔다. 그는 몽둥이에 맞아 머리가 터져 피가 낭자한 가운데서도 큰 목소리로 "주여, 감사합니다. 나에게도 목사님과 같이 순교할 수 있는 영광을 주시니 감사합니다"라고 무릎을 꿇고 두 손 모아 기도하였다.

1950년 부활절 무렵 그는 김방호 목사에게 세례를 받은 초신자였기에 공산당원들은 그가 교회의 큰 인물이 아니라고 생각하고 많이 때리고 풀어 주었다. 구사일생으로 죽음은 모면하였지만 얼마나 두들겨 맞았는지 몸이 만신창이가 되었다.

그는 후에 집사로 열심히 교회를 섬기며 봉사하다가 58세에 하나님의 부르심을 받았다. 장병태 성도의 죽음도 두려워하지 않는 용기있고 담대한 신앙은 오늘 염산교회를 찾는 많은 순례객들에게 큰 감동과 도전을 주고 있다.

(2) 김덕춘 집사

▲김덕춘 집사

김덕춘 집사는 장병태 성도의 좁은 집에서 김방호 목사 가족 여덟 명을 모시는 일이 얼마나 힘들겠나 싶어 네 아들(현, 정, 전, 완)을 자신의 집으로 데려왔다. 그러나 전이와 완이는 부모님과 같이 있겠다고 장병태 성도의 집으로 되돌아가고, 두 명의 아들 현과 정은 김덕춘 집사의 골방에서 은신하며 지냈다.

▲김방호 목사 가족이 숨어 지낸 김덕춘 집사 골방

현재까지도 당시 골방이 그대로 남아 있다. 그 골방은 안방을 지나서 갈 수 있는 구조였고, 골방과 안방 사이에 장롱을 배치해 누구도 쉽게 알아차릴 수 없었다.

당시는 이들을 숨겨준 김덕춘 집사의 가족들도 발각되면 그대로 몰살당할 수 있는 살벌한 때였다. 김덕춘 집사는 백절불굴의 신앙으로 신사참배를 반대하다가 옥고를 치르기도 하였다.

그는 목숨이 위태로운 상황에서 순교를 각오하고 김방호 목사의 자녀들을 골방에 숨겨 주었으며, 많은 주민과 기독교인들이 죽임을 당하는 위기상황에서 하나님께 매달려 기도했다. 그는 신실한 일꾼으로 교회를 잘 섬기다가 81세에 하나님의 부르심을 받았다.

김덕춘 집사의 아들인 김용시 장로는 "김 목사님의 아들들의 대소변 처리는 저의 몫이었습니다. 부엌으로 통하는 문 앞에 작은 샘이 있지만 주변의 눈을 의식해 세수 한 번 제대로 할 수 없었습니다"라고 증언한다.

김용시 청년도 김방호 목사의 자녀들을 숨겨주었다는 죄목으로 여러 번 끌려가 숱한 매를 맞으며 갖은 고문을 당하였고 창고 감옥에 갇혀 죽음 직전까지 가기도 하였다. 그런 중에 공산당들이 급하게 퇴각하기 위한 준비 상황 속에서 미처 처형하지 못하는 틈을 타 가까스로 피신하여 살아남게 되었다.

그는 많은 수난을 겪었지만 죽지 않고 살아서 장로가 되어 교회를 섬기면서 순교의 산 증인이 되었다. 환난과 핍박 속에서 순교 현장의 산 증인이 되도록 하나님께서 살려주신 것이다.

3) 김방호 목사의 둘째 아들 김익 전도사

김방호 목사의 가족이 1950년 10월 26일에 순교했는데 그때 유일하게 살아남은 사람이 바로 김 목사의 둘째 아들 김익 전도사이다. 김익 전도사는 6 · 25가 발발하자 자기 처갓집이 있는 신안군 비금면으로 피난을 갔는데 그 마을에 있는 덕산교회는 아버지 김방호 목사가 예전에 목회하였던 곳이기도 하다.

염산교회는 공산당에 의해 10월 7일에 예배당이 불타 버렸고,

▲김익 전도사

77명의 성도가 순교한 후 교인들도 뿔뿔이 흩어져 버렸다. 이때 순교자 김방호 목사의 둘째 아들 김익 전도사가 아버지의 뒤를 이어 염산교회 제4대 교역자로 오게 된다.

많은 사람들이 그가 염산교회에 부임하는 것을 말렸지만 그의 굳은 의지는 아무도 꺾을 수가 없었다. 여덟 식구 모두가 목숨을 잃은 곳, 아직도 부모 형제의 피비린내가 가시지 않은 그런 처참한 곳에 목회하러 간다니 처갓집 식구들도 얼마나 반대가 컸겠는가. 하지만 김익 전도사는 이 모든 반대와 걱정과 염려를 뒤로하고 1951년 4월 7일 염산교회로 부임하였다.

그는 마을 창고에서 첫 예배를 드리면서 "저는 김방호 목사의 둘째 아들입니다"라고 차분하게 입을 열었다

"이곳은 내 아버지와 어머니, 형제들이 몽둥이에 맞아 처절하게 죽임을 당한 곳이기에 생각도 하기 싫은 곳이지만 나는 이곳에 내 부모 형제들의 원수를 갚으러 왔습니다……. 원수 갚는 것이 무엇이겠습니까? 그들을 예수 믿게 해서 천국 가게 하는 것이 하나님 앞에서 참된 원수 갚는 일이 아니겠습니까? 여러분도 저와 함께 이 일에 힘을 합쳐 주세요."

원수 갚으러 왔다는 김 전도사가 그들을 전도하여 천국 가게 한다니까 교인들은 그 말을 이해할 수도 없었고 전혀 달가워하지도 않았다. 그도 그럴 것이, 많은 성도들이, 그것도 내 부모 형제가 공산당의 손에 처참하게 죽어갔는데 그들을 예수 믿고 천국 가게 한다니 인간적인 생각으로는 용납할 수가 없었던 것이다.

당시의 교회록은 이렇게 기록하고 있다

▲김익 전도사에 대한 기록

주후 1951년 4월 제4대 교역자 김익 전도사 초빙

고 김방호 목사님의 2남으로서 김방호 목사님을 이 땅에 순교의 제물로 받인 그는 부모님의 원수 갚는 것은 예수를 전함에 있다 하여 원수 3명을 사랑하는 예수님의 명으로 살려주고 8개월을 교회 봉임하며 목사관을 교회로 하고 인도하는 중 부흥의 불은 땅을 흔들 듯 100명에 가까운 집회가 되는 중 8월 중순에는 한국에 묻치려는 선교사 유화례 부인의 특별위안집회가 있었으며 11월에는 전도사의 장래를 위하여 신학교에 진학케 하였으니 이것이 염산교회의 첫 신학생 파송의 길이러라.

김익 전도사는 아버지 김방호 목사의 성업을 완수하고, 더 나아가 부모와 형제를 죽인 가해자들을 주님의 사랑으로 용서하고 복음을 전하기 위해 염산교회로 달려왔던 것이다. 그는 상처받은 교인들의 가정, 특히 공산군에게 가족을 잃고 슬픔과 낙망 속에 빠진 가정을 일일이 찾아다니며 위로하였다. 그리고 아버지와 가족을 비롯한 교인들을 학살하는 데 가담했거나 협력한 좌익 인사들을 찾아다니며 용서와 사랑의 심정으로 복음을 전했다.

김익 전도사는 "하나님, 감사합니다. 하나님, 감사합니다. 원수를 사랑할 수 있는 마음을 주심을 감사드립니다"라고 매일 기도하며 그들에게 복음을 전하고 하나님께로 인도하였다.

김 전도사의 진심 어린 사랑에 감동을 받은 성도들의 격한 마음들이 점차 누그러지기 시작했다. 가해자들도 김익 전도사의 모습이 상식적으로 이해가 안 가고 뜻밖이어서 멀리하려 했지만 김 전도사의 진심을 알고서는 진정으로 참회의 눈물을 흘리며 예수님을 영접했다. 아버지와 가족을 밀고하여 죽게 한 사람에게도 몇 번이고 찾아가 "나는 당신을 사랑합니다. 나는 당신을 용서합니다"라고 하며 전도하였다.

'사랑의 사도'가 염산교회에 부임했다고 소문이 나면서 흩어진 교인들이 다시 모여 들었고, 무너진 교회가 복구되기 시작했다. 교회는 다시 부흥의 불길이 타올라 죄악을 태워버리는 역사

▲결혼식에 참석한 김익 전도사

가 일어나게 되었고, 이후 염산교회는 사랑의 교회로 불려졌다.

그러나 6 · 25한국전쟁이 남긴 어려운 현실과 이곳에서 가족들이 처참하게 죽어간 충격 때문인지 김익 전도사는 시력이 계속 나빠졌다. 병원을 다니며 수술과 치료를 받았지만 병명도 나타나지 않는 가운데 회복이 되지 않아 더 이상 교회를 섬길 수가 없게 되었다. 그래서 2년 동안 섬긴 염산교회를 사임하고 영산포에 거처를 정하고 투병생활에 들어갔다.

그는 끝내 회복되지 못하고 9년 뒤인 1962년 5월 25일 42세의 젊은 나이로 주님의 품에 안겼다. 당시 슬하에 두 살 된 아들이 있었는데 아들도 아버지의 뒤를 이어 목사가 되었다.

06
77인 순교 1주기 추모예배

1951년 10월 26일 염산교회에서는 77인의 순교자 합동추모예배가 드려졌다. 아버지 김방호 목사의 뒤를 이어 제4대 교역자로 부임한 김익 전도사와 생존한 성도들이 함께 순교자 합동추모예배를 드렸다.

그날 김방호 목사와 허상 장로를 비롯한 순교자 77인의 신앙을 되돌아보며 뜻깊은 추모예배를 드렸는데 CCC 총재를 지내고 소천한 김준곤 목사(당시 영광법성교회 시무)의 헌시는 오늘날에도 읽는 이들에게 순교의 그날을 되새기게 하는 큰 감동을 주고 있다.

헌시

하룻밤 사이에 휘리 바람처럼
붉은 군대가 지옥의 나라에서
쏟아져 나오던 날
평화의 목장
어린 양 무리
사망의 나래 밑에
물리고 찢기고 짓밟혔도다
어두운 밤 질식의 사야
아이야 숨소리 죽여라
바람도 자라
햇빛 가리워라
숨겨만 다오
김일성이다 내무소원이다

생명아 번데기처럼 속에서만 숨 쉬라
피에 주린 살인마들
젖먹이 안고 업고
내 어머니 내 아버지
도살장으로 학살의 골짝으로
소처럼 개처럼
숙청가 발맞추어
말없이 끄을려 갔도다
돌 · 매 · 창 · 칼
모진 아픔 아래서
오- 주여
쓰러지는 신음소리
악마들 어이 이리 잔인하고
독사들 어이 이리 독할건가
듣는가 친구여
칠십칠 생령의 피의 호소를
바다야 산들아 울자
하늘이여 보시고 땅들아 잠자지 말라
오늘 이 고장에서
나와 같이 통곡하자
누가 빚어낸 비극의 장이던고

누가 뿌린 죄의 씨더냐

누가 쌓은 파멸의 탑이더냐

아--

싸움의 종자

권력상쟁 그칠 줄 모르더니

기어이 생혈을 강같이 흘리었으니

행악의 종자여 피 흘린 백성이여

그대 아직도 뉘우침이 없는가

평안히 쉬라 형제여 자매여

눈보라 가시길 기나긴 겨울이 가면

아지랑이 맴도는

평화의 봄이 이 땅을 찾으리니

피 흘린 발자국마다

향기로운 승리의 꽃물결 이루고

승리 꽃가루 안개같이 무너져

나비와 벌도 날아오고

사람사람 다 향기로워

독사도 사자도 암사슴 되고

아이 독사 굴에 손을 넣는 날

범이 초식을 하는 날

봄은 만물이 소생하는

환희의 봄은
평화의 소식 가지고
저녁노을같이
이 피 흘림 땅을 덮으리니
영광을 누리시라 안식을 누리시라
뼈아픈 현실 괴롭히는 죄도
사망도 다 지나가고
눈부신 환희
안식의 생명만이 넘치리라
피에 묻혀 기도하던 땅
찢긴 살 맞은 뼈마디 마디에
순교의 결실
백배 천배 거둘 것 많겠네
님들 가신 골고다
피 묻은 자욱 가싯길 헤치며
뒤 따르는 무리 그름같이 밀려나리니
길이길이 영광을 누리시리라
평안히 쉬라

1951년 10월 26일

법성교회 김준곤 목사

07

순교현장의 뒷이야기

2015년 6월 11일 조애순 권사는 이렇게 증언한다.

(1) 순교자 김식산 집사(순교자 노병재 집사의 어머니)

신앙이 참말로 좋았어. 기도도 많이 하시고 교회일이라면 앞장서서 섬겼어. 교회 무슨 일 있다 하면 다른 것 다 제쳐두고 맡아서 할 정도로…….

(2) 순교자 장일영 집사(순교자 노병재 집사의 부인)

아주 미인이었어. 한복을 입은 자태가 얼마나 멋있었는지 몰라. 그런 멋쟁이가 신앙생활은 또 얼마나 잘했다고~ 교회일 다 맡아서 하다시피 했지.

(3) 순교자 노병재 집사

노병재 집사는 큰 장사를 했지. 큰 배가 3척이나 있었고 멀리

배를 타고 장사를 다녔어. 그래서 신앙생활을 제대로 못했었는데 믿음 좋은 어머니(김식산 집사)의 기도로 하나님 앞에서 열심히 신앙생활을 하게 됐지.

허상 장로님을 모시고 열심히 신앙생활을 하는 가운데 설도에서 옥실리까지 새벽기도회를 다니더니 새벽에 혼자 다니기 힘들다고 형제들이랑 마을 사람들을 깨워서 함께 새벽기도를 다녔어. 노병재 집사를 중심으로 설도에 사는 교인들이 많아지니까 교회를 옥실리에서 설도로 옮기게 됐지~. 믿음이 그처럼 좋은데 그놈들이 가만히 놔두겠어? 그런 믿음이니까 바닷물 속에 빠져서도 찬송을 불렀겠지.

(4) 순교자 노병인

아주 똑똑한 사람이었어. 이장이랑 함께 김삼동 집사네 집에서 숨어 있다가 산으로 피신했었는데 공산당들에게 잡혀서 설도 바닷가 해수집(식당)에 3일 동안 묶여 있다가 빨갱이들이 그 식구들도 잡아내어 함께 바닷물에 밀어 넣었어. 그동안 어디에 숨었었는지, 누가 숨겨 주었는지, 먹을 것은 누가 대 주었는지 대라고 몽둥이질을 했지만 끝까지 입을 열지 않고 있다가 죽었어.

(5) 순교자 노병규

우리 시숙(노병규) 식구는 농사를 짓고 살았지만 교회를 다니고 있고 아들 노상기가 지서에 다닌다는 이유로 다 물에 빠뜨려 버렸어.
공산당들이 집에 와서 다 나오라고 불러냈는데 6살 먹은 막내 딸(옥화)은 이불을 뒤집어 쓴 채로 깊이 잠들어 있었기에 다른 식구는 다 죽고 혼자만 살았어. 그래서 내가 그 애기를 키워서 학교 보내고 결혼시켜서 지금은 일본에서 살고 있어.
예수 믿는 집안이라고 다 몰살시킨다고 죽였는데 우리는 임자도로 피난 갔기에 살았지.

(6) 김방호 목사

김 목사님은 참 고상한 양반이었어. 교회 다닌 지 얼마 안 되는 교인이 골방에 숨겨줬어. 사모님이 참말로 좋았어. 내가 그 여름에 염병(열병)에 걸려서 죽게 생겼었거든. 사람들 못 들어오게 줄을 쳐놔서 아무도 들여다보는 사람이 없었는데 사모님이 깨죽을 쒀 갖고 와서 먹여줬어…….

〈크리스찬신문〉(1987년 4월 25일 토)에 기재된 고몽룡 성도(당시 35세)가 김방호 목사의 순교한 때를 회상한 내용이다.

김방호 목사님이 순교할 때였어요. 하늘에서 밝은 빛이 비추었어요. 그러자 공산당들은 "저놈이 천당 가나 보다"라고 소리 쳤지요. 정말 하늘에서 이상한 빛이 비추이는 것을 모두 보았지요. 바로 아침이었죠. 내가 선창가로 나가 보니 김 목사님과 허상 장로님 두 분이 계셨어요. 내가 그분들께 인사를 하려고 하자 목사님은 나에게 눈을 끔벅여 대며 모르는 사이처럼 하라는 시늉을 하셨지요. 나중에 안 일이지만 내가 다칠까봐 그러신 거죠. 그날 저녁에 순교하셨어요. 그때는 신자들에게 주의를 줄 때였어요. 우리 교인들에게 모두 몸조심하라고 일렀지요.
그때 나도 교회를 다녔는데 술과 담배를 하고 성깔이 있어서 그들은 내가 진실한 교인인 줄을 몰랐죠. 그래서 피해를 면했어요. 지금껏 살게 해주신 것도 하나님의 은혜죠. 지금 교회가 세워진 곳이 우리 집 자리였는데 어느 날인가 공산당들이 와서 총을 겨누면서 나를 나오라고 소리를 치더군요. 늘 여러 곳으로 피해 다니다가 그날따라 집에서 잤는데 갑자기 꼼짝없이 잡혀서 수문 쪽으로 끌려가다가 구사일생으로 살아남았어요. 생각해 보면 나를 살려주신 것에 고마움을 느껴요.
하나님이 할 일들을 맡기려고 그러신 것 같아요. 안타까운 것은 노병재 집사는 3형제 가족들이 하루저녁에 모두 순교했어요. 바닷물 속에 빠뜨려 죽였지요. 공산주의자들이 그를 잡으러 집으로 갔을 때 나오라고 소리를 치자 그는 '기도하고 나갈테니 기다려 달라' 고 부탁하고 잠시 동안 기도하기를 마친 후 그들에게 잡혀서 돌을 매달고 바닷물에 수장되었어요. 그런데 그는 참 신앙이 좋은 집사였죠. 찬송을 부르면서 바다를 헤엄쳐 다녔어요.

“천성에 가는 길 험하여도 생명길 되나니 은혜로다…….”

제일 먼저 순교한 사람이 기삼도인데 그의 어머니(정도례 집사)가 신앙이 무척 좋으신 분이었어요. 기삼도가 집에다 동네 청년들을 모아 놓고 태극기를 그렸어요. 그만 그 일이 발각되어 붙잡혀 가서 매질을 당하였어요. 누구와 함께 그렸느냐고 이름을 대라고 해도 입을 다물었지요. 만약 그가 입을 열었다면 동네 청년은 모두 죽었을 거예요. 그대로 순교했죠. 이런 끔찍한 일들이 3개월 동안이나 계속되었어요.

08

순교지 탐방 후의 감동과 결단

염산교회

1) 순례자들의 다짐과 결단

순교지를 찾아오는 성도들이 주님 앞에서 자신들의 모습을 돌아보며 마음에 큰 도전을 받고 있다.

순교 당시 순교자들의 신앙을 체험하고자 순교돌을 목에 걸고, 당시 끌려가는 순교자들의 마음으로 순교현장인 설도항을 향하는 순례객들, 그리고 바닷가 수문통에 도착해서 "나도 앞서간 순교자들의 신앙을 따라서 넘실거리는 바닷물에 던짐 받을지라도 예수님을 모른다 하지 않고 믿는 믿음으로 살아가겠다"고 기도하고 찬송하며 순교자들의 순교신앙을 마음에 간직하고 새로운 다짐과 결단을 다지는 모습을 보면서 이 시대에 우리에게 주신 사명에 감사하고 있다.

얼마 전에는 미얀마에서 사역하시는 선교사 부부가 신학생들을 데리고 방문하였다.

선교사 사모의 통역으로 영상을 보고 설명을 들려 준 후에 한 학생에게 기도를 시켰는데 그 학생은 바닥에 무릎을 꿇고 "그동안 저는 주님을 섬기는 일이 힘들고 어렵다고만 생각했었습니다. 그래서 신학교 다니는 것을 그만두려고 했습니다. 그리고 예수 믿는 것까지도 그만두려고 했었습니다. 하지만 여기에 와서 주님 때문에 목숨을 버리기를 두려워하지 않았던 순교자들을 대하니 너무 죄송하고 내가 얼마나 사치스러운 불평을 했었는지 회개합니다" 하며 펑펑 울었다.

다음은 영상을 보고 설명을 들은 후 전시실을 둘러보고 가는 길에 나눈 고백들이다.

"교회가 마음에 안 들어 옮기려고 했었는데 순교자의 모습을 보니 내가 교만했습니다. 다시 새로운 마음으로 교회와 목사님을 잘 섬기겠습니다."

"좋은 조건 속에서 주님을 섬기면서도 감사하지 못했습니다."

"그 상황에서 나는 순교할 수 있을지……부끄럽습니다."

"임직을 앞두고 있는데 순교자의 신앙을 본받아 죽기까지 주님을 잘 섬기겠습니다."

"목회를 그만 접으려고 했는데 다시 한 번 주님 의지하고 열심히 해 보겠습니다."

"주님 위해 순교하신 분들을 보고 주님의 십자가를 생각하며 많이 울고 갑니다."

2) 탐방객들이 방명록에 남긴 다짐의 글 중에서

“지금까지 살아온 삶이 부끄럽고 부끄럽습니다. 이제는 목회자다운 목회자가 될 것을 다짐합니다.”

“은혜 많이 받았어요. 이렇게 하나님을 마음껏 사랑하고 사랑을 표현할 수 있는 상황과 환경을 허락해 주심에 감사하게 되었습니다. 범사에 감사하며 하나님 높이며 살게요. 영광 할렐루야!”

“한국교회 순교현장을 직접 보고 신앙의 선진들의 순교신앙을 본받아 교회와 이웃을 섬기며 순교적 사명으로 복음을 증거해야 하겠습니다.”

“오늘 많은 것을 느끼고 떠납니다. 순교에 대해서 머리로만 생각했던 제가 너무나도 부끄러운 마음이 듭니다. 77명의 순교자 분들을 보며 가슴으로 느끼는 시간이 된 것 같아 하나님께 감사드립니다. 순교란 단어를 마음으로 가슴으로 느끼게 해 주셔서 감사합니다.”

“가슴이 먹먹해지고 저를 다시 돌아보는 계기가 되었습니다. 하나님께 눈물로 더 열심히 기도하며 순교자님의 마음을 공감할 수 있었습니다. 주님, 감사합니다.”

“순교의 정신을 이어받아 한국교회를 다시 일으키겠습니다.”

“듣기만 했던 이곳에 와보니 진정한 믿음이 무엇인가, 순교할 수 있을까, 부인하지 않을 수 있을까, 훌륭하고 고귀한 믿음에 고개 숙여 반성과 회개를 합니다."

"순교하신 목사님과 여러 성도님을 보면서 눈물이 나고 목이 메입니다. 이들의 흘린 피가 헛되지 않도록 열심히 목회하겠습니다."

"선배님들의 신앙을 본받아 천국 갈 때까지 천국신앙, 부활신앙으로 살겠습니다."

"주님의 은혜를 다시 상고하며 감사하고 그날을 준비하는 믿음을 회복하게 하심을 감사합니다."

"믿음의 성지에서 귀한 믿음의 신앙을 지키신 분들의 숭고한 정신을 이어받아 하나님의 참 믿음을 가진 순교자적 삶을 살고자 다짐해 봅니다."

"순교 현장 앞에서 흐느껴 우는 중 · 고등부 학생들이 순교자의 믿음을 본받아 한국교회와 하나님 나라의 귀한 도구가 되리라 믿습니다."

"이 시대에 꼭 필요한 천국신앙, 이 흔적을 경험하게 해주셔서 감사합니다. 목사님의 말씀 가슴 깊이 새기고 갑니다. 사랑합니다."

"장로로 시무하고 섬긴다고 하지만 많은 갈등과 신앙의 진부가 없어 고민하다 귀한 곳을 방문하여 힘을 얻고 갑니다. 감사합니다."

"많이 부족한 우리들이 이곳에서 순교정신, 천국신앙에 대해 많은 것을 느끼고 나의 신앙을 되돌아보며 다짐하는 시간이 되었습니다. 염산교회에 하나님의 은혜가 충만하길 소망합니다."

"순교현장에 직접 와 보니, 가슴이 뭉클하고 저 역시 순교자의 믿음으로 예수님을 위해 목숨을 아까워하지 않고 헌신해야겠다고 다짐합니다. 오직 예수!"

"순교자의 믿음. 순결한 신앙의 고백을 기억하며 순교자적 삶으로 끝까지 주님 붙들고 천국신앙으로 굳게 서겠습니다. 감사합니다."

"순교자들의 피를 생각하며 위의 것을 찾는 청년들로 살아가겠습니다."

"순교의 피 위에 세워진 한국교회인데 그 뜨거운 열심은 다 어디로 갔는지, 주님 죄송합니다."

주님께 고백하고 결단하는 모습들을 보면서 한국교회의 소망과, 하나님께서 우리에게 맡기신 사명이 큼을 느껴 본다.

다음은 중학교 1학년 학생이 쓴 글이다.

영광 염산교회에서 느꼈던 것에 대해 말하려 한다. 그 교회에서 순교하신 77분의 이야기를 들으면서 처음으로 들었던 나의 생각은 '나라면 저렇게 순교할 수 있을까?' 라는 생각이었다. 예수를 믿는다는 이유로 돌을 목에 맨 채로 바다에 빠져 순교하셨다는 설명을 들으면서 나도 저분들처럼 살아도 주님을 위하여, 죽어도 주님을 위하여 죽는 사람이 되어야겠다고 생각하였다. 그리고 우리는 너무 편안하게 예배드리고 예수님 믿기에 좋은 자유로운 시대에 살아가고 있기에 '순교' 라는 단어가 그동안은 너무 멀게 느껴졌던 것 같다.

목숨을 담보로 잡고 예배를 드리던 때와 다르게, 좋은 환경에서 예배를 드리고 있기에 말이다. 그랬기에 너무 예배를 가볍게 생각하는 모습이 우리에게 있었던 것 같다. 아직도 목숨을 걸고 예배드리는 그리스도인이 세계 전역에 있다.

심지어 우리나라와 얼마 떨어지지 않은 북한에서도 지금 이 순간에 예배를 목숨 걸고 드리다가 발각되어 죽는 그리스도인이 있다. 앞으로는 정말로 예배드리는 것에 목숨 거는 참된 그리스도인이 되어야겠다.

그리고 순교라는 것은 꼭 예수님을 믿는 것 때문에 잡혀서 죽임 당하는 것뿐만이 아니라고 생각한다. 바로 예수님처럼 살아가는 것이라고 생각한다. 자기 십자가를 지는 삶, 바로 그런 삶을 나도 살아가야겠다고 느꼈다.

* 중학교 3학년 학생이 쓴 글이다.

그 다음으로 간 곳은 영광 염산교회라는 곳이었다. 우리나라의 교회들이 겪었던 무수히 많은 핍박과 수없이 많던 순교자들과 끝날 줄 모르고 흘렸던 순교의 피를 다음세대에게 일깨워주는 염산교회는 우리나라에서 가장 많은 순교자들을 낳은 교회였다. 77인의 순교자들, 무참히 학살당한 전체 교인의 2/3, 그리고 술주정뱅이 시절을 동생을 통해서 청산하셨던 전도사님과 순교의 길을 걸으신 성도님들……. 염산교회에서 듣게 되는 믿음의 선배들의 모습이다.

비겁하게 숨지도 타협하지도 도망가지도 물러가지도 않고 하나님과 그 나라를 위해서 목숨을 버리고 죽도록 충성한 성도들……. 들으면 현실과 동떨어진 것 같지만 엄연히 우리가 살고 있는 한반도 땅 위에 살고 있었던 사람들, 우리와 똑같이 연약하고 우리와 똑같이 두려워하고 똑같이 믿음이 약한 그들이 결국은 주님을 위해서 고통과 협박과 매질과 심지어는 죽음까지도 감수하였다.

어떻게 이럴 수가 있을까? 난 순교자들이 우리와 똑같은 연약한 인간이었던 것을 바로 납득하지 못했다. 그리고 아무리 생각해보아도 도저히 그들과 우리의 차이점과 유사성을 알지 못했다. 정말 어느 누구도 쉽사리 가지 못하는 길을 간 그들은 우리와 어떤 차이점이 있고, 또 같은 그리스도인으로서 그분들과 오늘날 우리들이 무슨 연관성이 있는지를 도저히 이해하지 못했다.

그러다가 그날 알게 되었다. 왜 그들은 죽음 앞에 굴복하지 않았는지를, 또 우리가 어떻게 하면 그들이 선택했던 그 길을 걸을 수 있는지를. 그것은 바로 천국이었다. 아직은 보이지 않지만 예수님을 통해서 우리에게 은혜로 주신 우리의 본향, 천국이 그들을 그렇게 하게끔 했다는 것이다.

어째서 이런 것일까? 신앙의 선배들보다도 먼저 예수님을 믿었던 사람들, 초대교회의 성도들은 항상 놓지 않았던 것이 하나 있었다.

"예수님께서 구름을 타시고 열방을 심판하실 날과 천국이 다가오고 있다!"

마라나타는 "주 예수여 오시옵소서"라는 뜻이다. 초대교회 성도들은 언제나 이 말을 인사말처럼 썼었던 것 같다. 바울은 매 순간 예수님께서 곧 다시 오실 거라는 사실을 기억하며 서신서에서 계속해서 예수님의 다시 오심을 상기시키며 복음을 위해서 고난 받기를 두려워하지 말라고 한다. 그리고 그는 예수님의 재림과 우리에게 주어진 천국의 영광은 이 땅의 모든 영광들을 다 합쳐도 비교가 불가능할 정도로 소중한 것임을 말하며 인내하며 참고 견디라고 한다.

"생각하건대 현재의 고난은 장차 우리에게 나타날 영광과 비교할 수 없도다"(로마서 8장 18절).

우리에게 힘을 줄 수 있는 것은 우리에게 주신 하나님의 약속, 곧 천국의 약속, 복음을 듣고 회개하여 예수를 믿는 자마다 의롭다 하여주시고 천국을 상속하게 해주시겠다는 그 말씀을 붙드는 것이다. 천국을 바라보고 또 묵상하고 생각하고 눈을 감았다가 뜨더라도 갈 수 있는 곳, 확실히 하나님께서 나에게 주신 곳으로 믿는 것이다.

---중략---

결론은 이렇다. 우리가 죽음 앞에서도 굴복하지 않는 이유는 우리의 길을 먼저 가신 예수님께서 다시 사셨기 때문에, 우리에겐 돌아갈 본향이 있기에, 그리고 마지막 날 그토록 기다리던 주님을 만날 것이기 때문이다.

로마서 8장 38절 말씀처럼 그 어느 것도 우리를 향하신 하나님의 사랑을 끊을 수 없음을 명심하는 것이다. 매일매일 천국을 바라보며 사는 것이다.

순교자는 두려움을 모르는 사람이 아니라 두려워하지 않아도 되는 이유 되시는 분을 알고 그분께 죽도록 충성하는 자들이다. 이런 사람들이 우리 믿음의 선배들이고 이들이 걸어간 길이 바로 예수님을 따른 삶이다.

* 지난 10월 순교지를 탐방하고 보내온 85세 되신 한수남 권사의 편지와 감동적인 시 한편을 소개한다.

"나의 조국에 이렇게 엄청난 순교자가 계셨다는 사실을 전하지 못했습니다. 나이가 들었지만 지금도 문서전도는 하고 있으니 이제부터라도 염산교회의 사랑의 순교 사실을 자세히 전하고자 합니다. 많이 기도하겠습니다. 국내에서도 모르는 사람이 많을 것입니다. 77분의 그 값진 순교가 하늘의 별처럼 해변의 모래처럼 많은 열매를 맺어 하나님께 영광을 돌릴 것을 믿고 기도합니다."

순교의 열매

해방 70년!
되돌아보아도 잊을 길 없는
한많은 6 · 25
누가 보았소?
피맺힌 그날을!
염산의 77에 무슨 일이?
연자 맷돌 줄줄이
목줄에 엮여서

어매요 아배요

누나야 아우야

대창 총부리에 떠밀려

넘실거리는 파도 속으로

언니야 무섭다

조금만 참아라

우리는 천국 간다

그렇게

원수를 용서하며

기꺼이 순교의 길을

찬송하며 떠났다

주님이시여

어찌 하오리까

이 죄인은 못할 것 같습니다

이 망구(望九)를

용서하옵소서

염산교회 순교지에서

한수남

09
순교사역

염산교회 순교성지가 위치해 있는 설도는 경기도 파주에서 시작하여 부산까지 서해안과 남해안을 따라 이어지는 아름다운 해안국도인 77번 국도가 지나고 있다. 설도는 영광군에서 남서쪽으로 16킬로미터 지점에 있으며, 마을 북쪽으로는 염산면 중앙에 고지 267미터 봉덕산이 서있고 동쪽으로는 월암산이 보이며 남쪽으로는 밀물과 썰물이 계속되는 바다가 펼쳐지고 서쪽으로는 넓은 간척지와 염전이 보이는 곳에 위치해 있다.

원래 무인도였던 이곳에 1927년 사람이 들어와 살기 시작하였고, 1930년에 설도의 간척사업이 이루어지면서 육지가 되었다.

사람이 누워 있는 형상처럼 생겼다 해서 '누운 섬' 즉 와도(臥島)라 했는데 누운 섬을 눈섬으로 짧게 발음하여 불러옴에 따라 눈섬을 한문으로 설도(雪島)라 부르며 오늘의 명칭이 되었다.

1939년 옥실리 이봉오 씨의 집에서 허상 전도사의 예배 인도로 시작된 염산교회는 황무지와 같은 이곳에 하나님나라 확장을 위하여 진력하는 중 1947년 4월 8일 이곳 설도에 옮겨와 오늘에 이르고 있다.

염산면에는 4,420명(2015년 12월 기준)이 살고 있으며 염산교회를 비롯하여 현재 12교회와 약 1천여 명의 기독교인이 주님의 복음을 전하며 하나님나라 확장에 힘쓰고 있다.

순교성지가 자리 잡고 있는 염산면은 소금을 굽는 염소(鹽所)가 있어서 염소면 지명이 유래되었으며 1914년 염산면으로 변경된 국내 유일한 소금지명이다. "소금산"이란 지명처럼 천일염 염전지대로 유명하다.

> "너희는 세상의 소금이니 소금이 만일 그 맛을 잃으면 무엇으로 짜게 하리요 후에는 아무 쓸데없어 다만 밖에 버려져 사람에게 밟힐 뿐이니라"(마 5:13).

순교자들은 기독교인의 참 맛인 소금의 사명을 다한 분들이다. 그들의 순교의 피는 헛되지 아니하고 오늘까지 참된 그리스도인의 맛을 우리에게 전해주고 있다.

설도 지역에는 맛이 좋기로 유명한 젓갈을 숙성시키고 판매할 젓갈 타운과 싱싱한 수산물을 판매하는 수산물 센터가 건립

되어 손님을 맞이하고 있는 가운데, 한국 기독교 최대 순교성지인 염산교회는 2015년 6월 1일 대한예수교장로회 총회 제1호 순교사적지로 지정을 받고 더욱 더 활발한 순교신앙 전파를 위해 진력하고 있다.

1) 순교자의 묘

2014년 3월 15일(금), 돌팍재와 영산포에 있던 순교자들의 묘를 교회 앞 순교공원에 안장하고 묘비 제막식을 가졌다.

김방호 목사와 김화순 사모는 영산포에 있는 가족묘지에 모셔져 있었다. 돌팍재에는 김방호 목사의 자녀들과 손녀, 그리고 허상 장로와 그의 부인 이순심 집사의 묘지가 있었다.

2013년 4월에 부임해 온 필자는 순교자들의 묘를 교회당 앞 순교공원에 모시고 돌보는 게 우선이라 생각하였다. 김방호 목사의 손자인 김금성 목사, 그리고 허상 장로의 증손자 허경제 목사와 의논을 하였는데 모두 흔쾌히 허락해 주어서 온 교회가 기쁨으로 순교자들의 묘를 순교공원으로 이장할 수 있었다.

김방호 목사와 김화순 사모의 묘에는 부친의 뒤를 이어 4대 교역자로 부임하여 눈을 못 보게 되기까지 사랑으로 복음을 전하며 수고를 아끼지 않았던 둘째 아들 김익 전도사와 강안심 사모의 유골을 함께 합장하였다.

그리고 교회를 떠나지 않고 교회와 성도들을 위해 기도하다가 이곳에 묻히기를 소원했던 허상 장로와 이순심 집사의 유골도 교회 앞 순교공원으로 이장하였다. 허상 장로와 부인 이순심 집사의 유골을 수습하는 가운데 의치(틀니)가 발견되었는데 이순심 집사가 사용했던 것이라고 한다.

당시 순교공원에는 교회와 뜻을 같이한 순교자 자손들이 허락해 준 22인의 순교자들의 유골을 합장한 묘가 있었다.

김방호 목사와 허상 장로의 묘를 이장하면서 세월의 흐름 속에 흙으로 돌아가고 얼마 남아 있지 않은 김현, 김정, 김전, 김완, 김선웅, 김연경, 김옥자, 김금자, 김신자, 김미자의 유골도 합장묘에 합하여 32위가 모셔졌다.

현재 순교공원에는 김방호 목사를 비롯한 36인의 순교자와, 김익 전도사와 강안심 사모, 그리고 노병재 집사의 아들 노형기의 수목장이 있다.

노형기는 부친 노병재와 가족이 공산당에 의하여 죽임을 당할 때 유일하게 살아남았는데 평생을 고향인 염산을 잊지 못하고 그리워하며 고향에 묻히기를 소원했기에 그도 공원에 있는 소나무 아래에 수목장으로 안장을 했다.

순교자의 묘를 정리하는 일에 김방호 목사의 손자인 김금성 목사와 그의 형제들도 함께 하였다.

3월 15일 필자의 위임식과 함께 묘비 제막식 행사를 가졌다.

다음은 순교자의 묘비에 기록된 비문이다.

(1) 순교자 합장묘

한국 기독교 최대 순교성지인 염산교회는 1950년 6.25전쟁 당시 예수님을 믿는 신앙을 생명보다 소중하게 여기고 목숨을 내놓은 77명의 순교자의 희생이 있었다. 이들은 이 땅의 영화로운 삶보다는 저 천국을 소망하며 믿음을 지키다가 돌을 매달고 새끼줄에 묶인 채 수장 당하고, 구덩이에 생매장되고, 죽창에 찔리고, 몽둥이에 맞으며, 목이 잘리면서도 천국을 바라보며 마지막 순간까지 기도하고 찬송을 부르다가 순교의 제물이 되었다.

* 77인 중 이곳에 안장된 순교자

노병재 장일영 김식산 노순기 노옥기 노준오 노무곡 노오차 노육차 노병인 이선님 노원례 노용길 노용남 노정자 노신자 노병규 박귀님 노상기 노옥순 노일석 노경남 김 현 김 정 김 전 김 완 김선웅 김연경 김옥자 김금자 김신자 김미자

"내가 진실로 진실로 너희에게 이르노니 한 알의 밀이 땅에 떨어져 죽지 아니하면 한 알 그대로 있고 죽으면 많은 열매를 맺느니라"(요 12:24).

(2) 순교자 김방호 목사 김화순 사모의 묘

김방호 목사는 1888년 경북 경산에서 태어났다. 3.1운동 당시 아들 앞에서 부친 김기삼이 일경의 총에 쓰러지자 만주로 건너

가 용정에서 독립군에 가담하여 압록강을 넘나들며 활동하던 중 함경북도 삼수 갑산지역 사경회에 참석하였다가 예수를 영접하였다.

개성 한영서원을 졸업하고 교원생활을 하던 중 전남지방 선교사였던 도대선(Dodson)의 조사로 활동하며 장로가 되었다. 1933년 평양신학교를 졸업하고 전남노회에서 목사 안수를 받아 영광읍교회, 신안 덕산교회, 나주 상촌교회, 영산포 교회에서 시무하였고, 염산교회에 부임하여 6.25전쟁을 만나다.

성도들의 피난의 권유도 마다하고 교회와 성도들을 돌보시다가 1950년 10월 27일 가족 8명이 함께 순교하였다. 아버지의 뒤를 이어 4대 교역자로 부임하여 성도들을 사랑으로 위로하며 헌신했던 김익 전도사와 강안심 사모가 여기에 함께 안장되다.

김방호 목사 1888. 7. 14~1950. 10. 27.

김화순 사모 1899. 1. 5~ 1950. 10. 27.

자 : 휼 익 삼 현 정 전 완 선웅

김 익 전도사 1919. 12. 11~1962. 5. 25

강안심 사모 1920. 8. 29 ~ 1981. 8. 25

자 : 숙경 신경 전경 금성(목사)

(3) 순교자 허상 장로, 이순심 집사의 묘

허상 장로는 1879년 전남 광주에서 태어났다. 예수 믿기 전에는 술주정꾼으로 소문이 난 사람이었는데 동생이 신학교를 졸업하고 목사가 된다는 소리를 듣고, 동생이 관리인 목사(牧使)가 된 줄 알고 동생을 위해 교회에 다니기 시작한 것이 결국 신앙의 포로가 되어 술 담배를 끊고 광주 양림교회 집사가 되었다.

겨울 농한기가 되면 광주 오원기념각에서 개최되던 달성경학교에 매년 참가하였고 3년의 과정을 이수하였다.

1939년에 설립된 염산교회의 초대 교역자로 초빙을 받아 전도사로 1948년까지 사역하다 은퇴 후, 장로로 장립받아 교회와 성도들을 섬기며 매일 기도로 나날을 보내고 있던 중 6.25전쟁을 맞게 되어 1950년 10월 23일 흉악한 공산당들에게 봉덕산

한시골에 끌려가 부인 이순심 집사와 함께 하나님께 감사하면서 순교하였다.

허 상 장로 1879. 2. 10~1950. 10. 13

이순심 집사 1885. 5. 15~1950. 10. 13

자: 숙일(목사)

손: 민구(목사) 민건 민영 민태 민강 민경

증손: 경제(목사) 경준

2) "우리는 천국 간다" 시비

좌로부터 필자. 조일섭 목사, 안명환 목사. 박경진 장로.
박종구 목사. 홍정이 목사. 전대웅 목사. 하귀호 목사

2013년 10월에 증경총회장이시고 은사이신 홍정이 목사 일행이 탐방을 오셨다. 제자인 필자를 보고 반가워하시며 시비 건립하는 일에 큰 힘이 되어 주셨다.

2014년 7월 25일(금) "우리는 천국 간다" 시비 제막식을 가졌는데 증경총회장 홍정이 목사의 설교와 총회장 안명환 목사의 축사, 염산교회 순교자 기념대책위원회 위원장 하귀호 목사의 격려사, 박종구 목사의 헌시, 박경진 장로의 격려사가 있었다.

증경총회장 홍정이 목사는 '일사각오의 신앙' 이라는 제목으로 "한국교회 최대 순교성지의 자랑스러운 후예들답게 이 땅을 살아가며 죽기까지 오직 주님만 사랑하는 신앙, 오직 하늘나라 면류관을 사모하는 신앙을 끝까지 붙들자"라고 설교하였다.

또한 제98회 총회장 안명환 목사는 축사를 통해 "염산교회가 간직한 순교사적 현장을 직접 목격하니 말문이 막히고 감동스럽다. 교단장으로서 순교자들을 기리고 이들의 행적을 전국 교회와 후세들에게 널리 알리는 일에 힘쓰겠다"고 약속하였다.

이날 순교공원에 세워진 "우리는 천국 간다" 시비는 〈월간목회〉 발행인이고 시인인 박종구 목사의 헌시와, 한국기독교역사문화관장인 박경진 장로의 후원으로 건립되었다.

우리는 천국 간다

박종구 목사

우리는 여기에서
갈보리 언덕을 우러르네
우리 주님 그 십자가 앞에
일흔일곱 순교 제물들
우리는 천국 간다
그 음성 소금 되어
오늘도 우리를 일깨우네
그 노래 빛이 되어
오늘도 뭇 영혼 불 밝히네

3) 기독교인 순교기념탑

2003년 6월 16일 순교현장인 설도항 옛 수문 자리에 영광군에서 군비 3억 5천만 원을 들여 '기독교인 순교기념탑'을 준공하였다.

순교탑에 새겨진 설명문은 다음과 같다.

이곳은 목에 큰 돌을 달아서 수장시킨 기독교인의 순교지입니다. 이것은 세계 기독교회사에서 유례를 찾아볼 수 없는 것입니다. 1950년 6월 25일 한국전쟁 당시 9월 28일 서울 수복 후 미처 퇴각하지 못한 인민군과 공산당들에 의해서 바다 속에 빠져 허우적거리면서 마지막 순간까지 찬송가를 부르면서 그들은 순교했습니다.

이와 같은 신앙을 지키려다가 순교한 194명의 숭고한 정신을 기리고 장소를 기념하기 위하여 역사적인 사건의 주 현장인 이곳에 '기독교인 순교탑'을 세우게 되었습니다.

탑은 예수님이 팔을 벌리고 있는 듯한 형상과 마치 천사의 날개와 같은 의미를 조형화했고, 상층부의 세 개의 타원구는 성부 성자 성령의 삼위일체를, 머리의 원은 고난을 상징하는 가시관을, 그리고 전체적으로는 사람의 형상을 리듬감 있게 역동적으로 묘사하였습니다.

부조벽화는 목에 돌을 매달아 수장시키고 몽둥이와 죽창으로 신자들을 무참히 살해하는 장면을 상징적으로 표현하여 순교지역의 현장성과 영속성을 부각시켰습니다.

2003년 6월

4) 총회 제1호 순교사적지 지정

2013년 제98회 총회에서 염산교회 순교자기념대책특별위원회(위원장: 하귀호 목사)를 구성하고 순교사적지 지정과 기념사업을 위하여 헌신적인 수고와 활동을 하였다.

드디어 제99회 총회를 통해 최초로 총회 순교사적지로 지정되어 2015년 6월 1일(월)에 총회 제 1호 순교사적지 지정 기념예배와 사적지 지정식을 갖게 되었다.

총회 서기 권재호 목사 사회로 시작된 기념예배는 부총회장 이호영 장로의 기도, 염산교회 시온성가대 찬양, 백남선 목사의

'모세가 남긴 교훈' 이라는 제하의 설교, 증경총회장 최기채 목사의 축도로 진행되었다.

백남선 목사는 설교를 통해 "귀한 신앙을 위해 생명을 바친 염산교회 77명의 순교자들은 천국에서 큰 상을 받은 줄로 믿는다"면서 "우리 또한 하나님 섬기는 일에 목숨을 걸며, 복되고 의미 있는 인생을 살아가자"고 강조했다.

염산교회 순교자기념대책위원장 하귀호 목사 진행으로 이어진 순교사적지 지정식에서 총회장은 이렇게 선언했다.

> 우리는 오늘 자랑스러운 신앙의 선배들을 기리기 위해 모였습니다. 대한예수교장로회 총회가 이곳 염산교회를 순교사적지로 명명하고 이정표를 세웁니다. 이곳에는 한국전쟁 당시 믿음을 지키다가 순교한 염산교회 선진들의 숨결이 있습니다. 지금 나태하고 어리석어 믿음을 귀하게 여기지 않는 우리를 질타합니다. 회개와 헌신을 촉구하며 따뜻한 눈길로 말씀합니다.
>
> 이 기념예배는 신앙선진들의 숭고한 순교적 믿음을 기리고 후세에 널리 전하여 더 많은 믿음의 사람들이 그 대를 이어갈 수 있기를 바라는 마음으로 마련했습니다. 대한예수교장로회 총회 제99회기 총회장인 나 백남선 목사는 총회 결의에 따라 이곳 염산교회가 순교사적지 제1호로 지정되었음을 선포합니다.

10
77인의 순교자 명단

당시 교회록에 기록된 순교자 명단은 다음과 같다

번호	성명	신급	생년월일	주소	순교일 및 장소
1	김방호	목사	1888. 7. 14	염산면 봉남리 설도	1950. 10. 26. 옥실리 신옥
2	김화순	사모	1899. 1. 5	〃	〃
3	김 현	신학생	1925. 4. 15	〃	〃
4	김 정	세례	1928. 4. 15	〃	〃
5	김 전	세례	1934. 7. 22	〃	〃
6	김 완	세례	1935. 5. 8	〃	〃
7	김선웅	세례	1942. 8. 26	〃	〃
8	김연경	세례	1945. 3. 3	〃	〃
9	허 상	장로	1879. 2. 10	군남면 옥실리 신옥	1950. 10. 13. 봉남리 한시
10	이순심	집사	1885. 5. 15	〃	〃
11	김삼동	집사	1910. 2. 24	〃	1950. 10. 13. 옥실리 내묘
12	노병재	집사	1906. 9. 21	염산면 봉남리 설도	1950. 10. 8. 봉남리 설도
13	장일영	집사	1911. 4. 22	〃	1950. 10. 22
14	김식산	집사	1884. 8. 15	〃	〃
15	노순기	학습	1930. 5. 23	〃	1950. 10. 8
16	노옥기	학습	1934. 11. 12	〃	1950. 10. 22
17	노준오	주교생	1937. 6. 13	〃	〃

번호	성명	신급	생년월일	주소	순교일 및 장소
18	노무곡	주교생	1941. 6. 7	〃	〃
19	노오차	주교생	1944. 11. 8	〃	〃
20	노육차	주교생	1946. 1. 16	〃	〃
21	정도례	세례	1886. 9. 9	군남면 옥실리 신옥	1951. 1. 6
22	기삼도	세례	1927. 4. 18	〃	1950. 10. 7
23	김동춘	신입	1904. 5. 15	〃	〃
24	노병인	학습	1910. 8. 9	염산면 봉남리 설도	1950. 10. 12
25	이선임	학습	1913. 2. 13	〃	1950. 10. 22
26	노원례	학습	1933. 10. 24	〃	〃
27	노용길	학습	1934. 12. 16	〃	1950. 10. 8
28	노용남	주교생	1936. 3. 10	〃	1950. 10. 22
29	노정자	주교생	1940. 9. 19	〃	〃
30	노신자	주교생	1943. 6. 13	〃	〃
31	노병규	신입	1906. 2. 3	〃	1950. 10. 24
32	박귀님	학습	1918. 8. 10	〃	〃
33	노상기	신입	1930. 12. 10	〃	〃
34	노옥순	주교생	1934. 11. 21	〃	〃
35	노일석	주교생	1937. 6. 9	〃	〃
36	노경남	주교생	1939. 6. 6	〃	〃
37	양정자	세례	1889. 9. 19	〃	1950. 12. 4
38	김순님	세례	1928. 9. 23	〃	〃
39	김조남	주교생	1940. 8. 15	염산면 봉남리 설도	1950. 12. 4. 봉남리 설도
40	이희연	유세	1945. 5. 5	〃	〃
41	김동열	신입	1892. 11. 22	〃	〃
42	정도애	신입	1899. 1. 2	〃	〃
43	김용환	신입	1924. 4. 5	〃	〃
44	김춘희	주교생	1930. 3. 20	〃	〃
45	김옥자	주교생	1936. 4. 6	〃	〃
46	김금자	주교생	1940. 2. 5	〃	〃
47	김신자	주교생	1942. 3. 7	〃	〃

번호	성명	신급	생년월일	주소	순교일 및 장소
48	김미자	주교생	1948. 10. 8	〃	〃
49	전유녀	신입	1912. 10. 1	〃	1951. 1. 6
50	김군자	신입	1947. 9. 3	〃	〃
51	양사차	신입	1930. 7. 1	〃	1950. 10. 12
52	김부옥	신입	1918. 8. 29	〃	1950. 10. 3
53	양처녀	신입	1920. 11. 6	〃	1950. 10. 22
54	김희자	주교생	1940. 3. 4	〃	〃
55	김부자	주교생	1944. 5. 6	〃	
56	배길례	신입	1872. 4. 5	〃	〃
57	장대일	신입	1891. 3. 10	〃	〃
58	김순애	신입	1893. 10. 6	〃	〃
59	장공삼	신입	1923. 5. 8	〃	〃
60	김임순	신입	1928. 6. 16	〃	〃
61	장인택	신입	1927. 9. 4	〃	〃
62	장귀남	주교생	1946. 1. 19	〃	〃
63	전준채	신입	1927. 8. 7	〃	1950. 11. 24
64	김길순	신입	1905. 2. 3	〃	〃
65	전삼차	신입	1934. 7. 1	〃	〃
66	전사차	신입	1936. 9. 10	〃	〃
67	전오차	주교생	1943. 3. 1	〃	〃
68	최용진	신입	1894. 10. 5	〃	〃
69	최처녀	주교생	1944. 5. 7	〃	〃
70	최유삼	주교생	1942. 3. 1	〃	〃
71	최삼녀	주교생	1947. 9. 1	〃	〃
72	최이남	주교생	1941. 8. 10	〃	〃
73	최사녀	주교생	1942. 4. 6	〃	〃
74	최오녀	주교생	1945. 7. 8	〃	〃
75	최육녀	주교생	1948. 2. 5	〃	〃
76	조생길	신입	1912. 3. 5	〃	〃
77	서소단	신입	1916. 7. 6	〃	〃

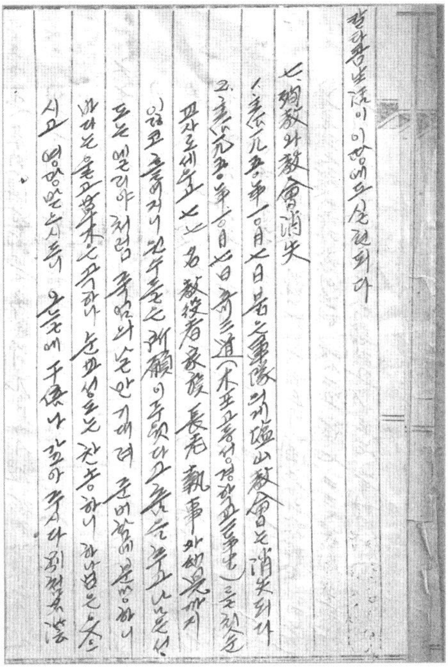
七. 殉教와 教會消失
1. 主后一九五〇年十月七日 붉은 軍隊에게 塩山教會는 消失되다
2. 主后一九五〇年十月七日 奇三道(木浦고등성경학교學生)를 첫 순교자로 세우고 七七名 教役者家族 長老 執事 外 幼兒까지 잃고 흩어지니 원수들은 所願이 이루었다고 춤을 추고 남은 성도는 엘리야처럼 죽음의 날만 기다려 준비함에 분망하니 바다는 울고 草木은 곡하나 순교성도는 찬송하니 하나님은 웃으시고 영광받으시드니 오늘에 千倍나 갚아주시다

당시 교회록에 기재되어 있는 순교에 대한 기록

1. 주후 1950년 10월 7일 붉은 군대에게 염산교회는 소실되다.
2. 주후 1950년 10월 7일 기삼도(목포고등성경학교 학생)를 첫 순교자로 세우고 77명 교역자 가족, 장로, 집사 외 유아까지 잃고 흩어지니 원수들은 소원 이루었다고 춤을 추고 남은 성도는 엘리야처럼 죽음의 날만 기다려 준비함에 분망하니 바다는 울고 초목은 곡하나 순교성도는 찬송하니 하나님은 웃으시고 영광 받으시드니 오늘에 천배나 갚아주시다.

교회록에 기록된 77인 순교자 명단

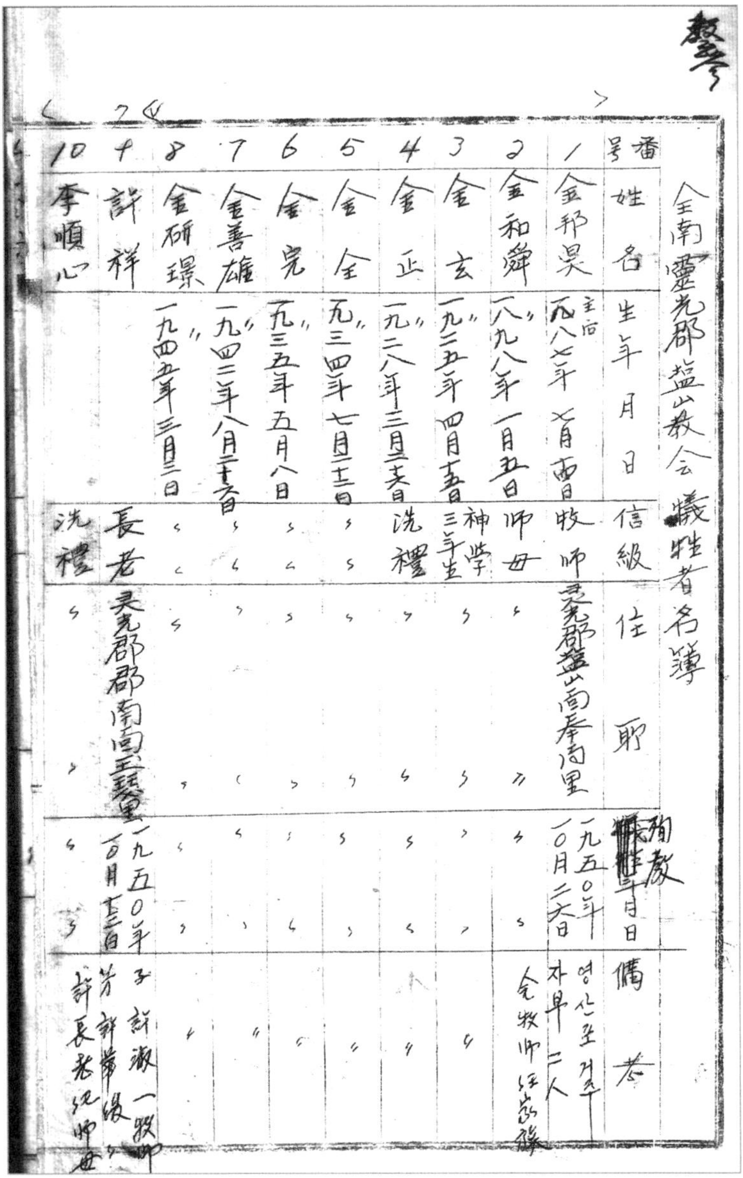

全南靈光郡塩山教会 犧牲者名簿

番号	姓名	生年月日	信級	住所	殉教年月日	備考
1	金邦昊	一八八七年七月十日	牧師	靈光郡塩山面奉両里	一九五〇年十月二十六日	영산포 거주 자부 二人
2	金和舜	一八九八年一月五日	師母	〃	〃	金牧師 [illegible]
3	金玄	一九二五年四月十五日	神学三年生	〃	〃	〃
4	金正	一九二八年三月二十五日	洗禮	〃	〃	〃
5	金全	一九三四年七月二十三日	〃	〃	〃	〃
6	金完	一九三五年五月八日	〃	〃	〃	〃
7	金善雄	一九四三年八月二十五日	〃	〃	〃	〃
8	金研璟	一九四五年三月三日	〃	〃	〃	〃
9	許祥		長老	靈光郡郡南面[illegible]里	一九五〇年十月十三日	子 許澈 一般 [illegible] 許常緩
10	李順心		洗禮	〃	〃	許長老 [illegible] 師母

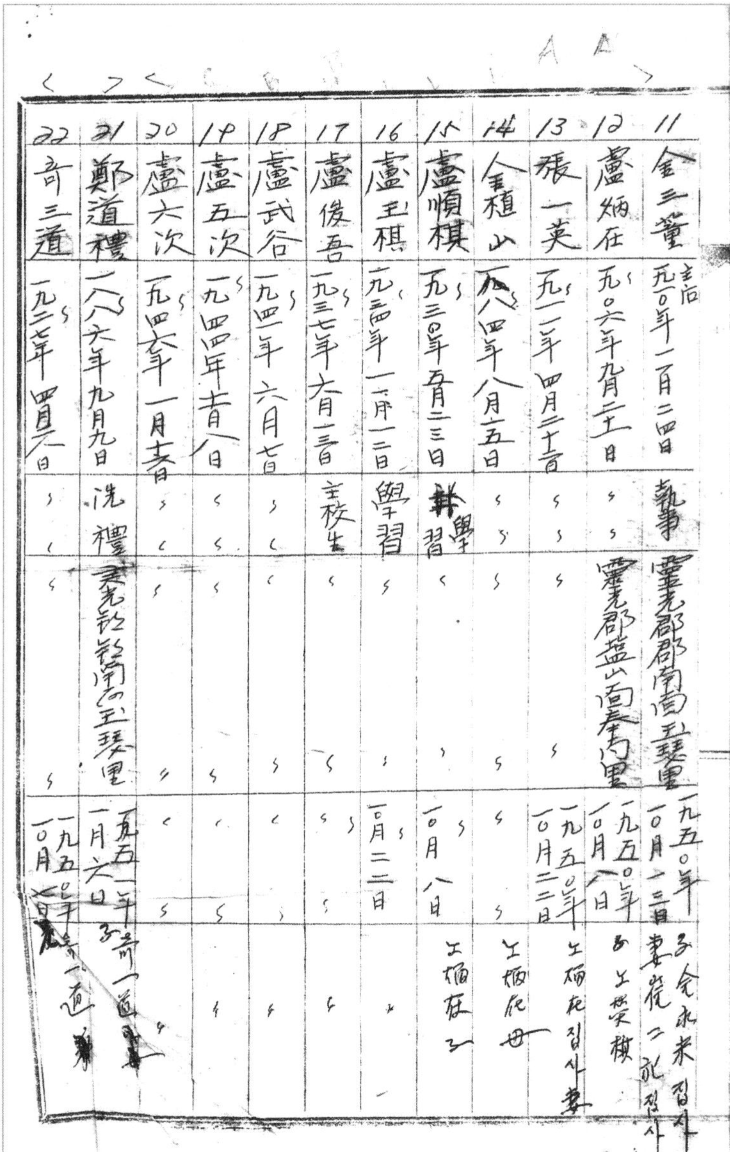

번호	성명	생년월일	직분	주소	순교일	비고
11	金三董	一九〇〇年一月二四日	執事	靈光郡郡南面玉琴里	一九五〇年十月一三日	子 金永来 집사 妻 崔二礼 집사
12	盧炳在	一九〇六年九月二十三日	〃	靈光郡鹽山面[illegible]里	一九五〇年十月八日	子 盧榮模
13	張一英	一九一一年四月二十日	〃	〃	一九五〇年十月二三日	盧炳花 집사 妻
14	金植山	一八八四年八月五日	〃	〃	〃	盧炳花 母
15	盧順棋	一九三〇年五月二三日	學習	〃	十月八日	盧炳在 子
16	盧玉棋	一九二四年一月一二日	學習	〃	十月二二日	〃
17	盧俊吾	一九三七年六月一三日	主校生	〃	〃	〃
18	盧武谷	一九四一年六月七日	〃	〃	〃	〃
19	盧五次	一九四四年十一月八日	〃	〃	〃	〃
20	盧六次	一九四六年一月十四日	〃	〃	〃	〃
21	鄭道禮	一八八六年九月九日	洗禮	靈光郡郡南面玉琴里	一九五一年一月六日	子 奇一道 [illegible]
22	奇三道	一九二七年四月八日	〃	〃	一九五〇年十月七日	奇一道 弟

番号	姓名	生年月日	信級	住所	領洗年月日	備考
23	金東春	主后一九一四年五月十五日	新	長興郡府南面[illegible]里		子 相基
24	盧炳仁	〃一九一〇年八月九日	學習	長興郡[illegible]面[illegible]里	主后一九五〇年一〇月一二日	金淑女
25	李先任	〃一九三三年十月十三日	〃	〃	一〇月二十一日	〃
26	盧元禮	〃一九二二年一月四日	〃	〃	〃	〃
27	盧勇吉	〃一九三四年十二月十五日	〃	〃	一〇月八日	〃
28	盧勇男	〃一九三六年一二月一〇日	主校生	〃	一〇月二二日	〃
29	盧貞子	〃一九四〇年九月十九日	〃	〃	〃	〃
30	盧信子	〃一九四三年六月十三日	〃	〃	〃	〃
31	盧炳圭	〃一九〇六年一二月三日	新	〃	一〇月二十四日	女 丘玉紀
32	朴貴任	〃一九〇八年八月一〇日	學習	〃	一〇月二四日	〃
33	盧相祺	〃一九三〇年十二月十三日	新	〃	〃	〃

- 13 -

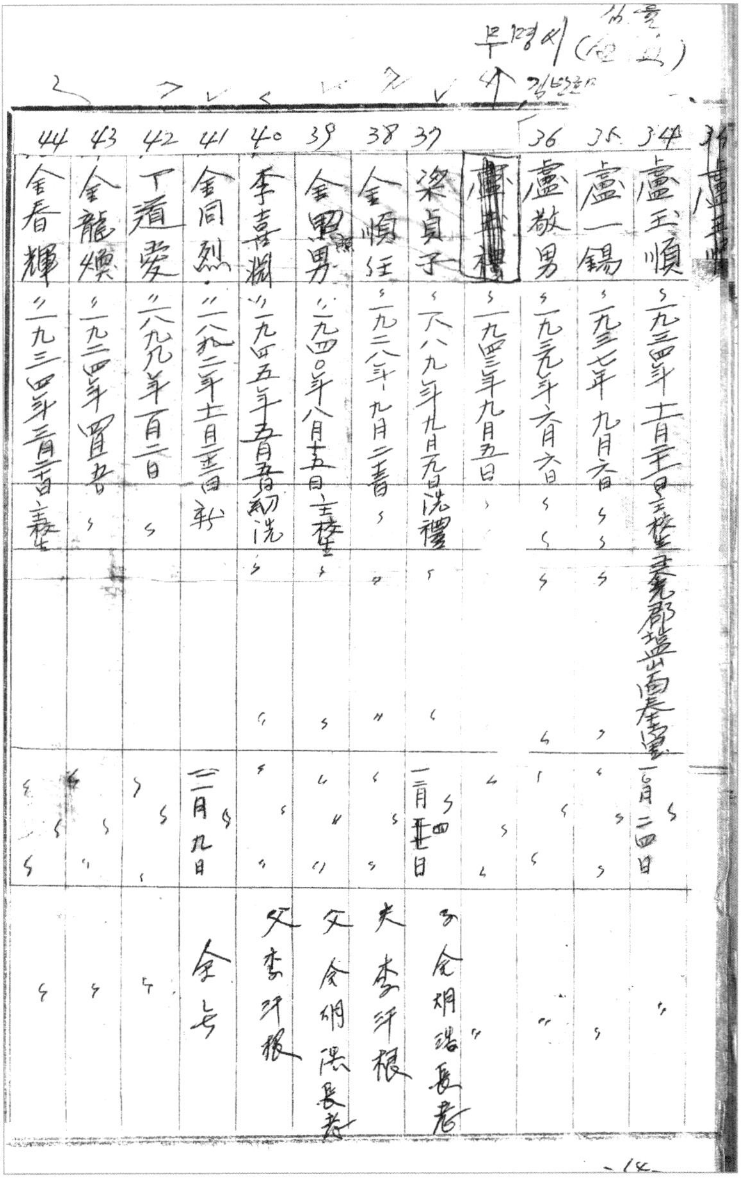

번호	이름	생년월일	비고	순교일	관계
34	盧玉順	一九三四年十一月二十三日	主校 靈光郡塩山面[illegible]	一月二四日	
35	盧一錫	一九三七年九月六日			
36	盧敬男	一九三九年六月六日			
	盧[illegible]	一九四三年九月五日			
37	梁貞子	一八八九年九月九日	洗禮	一月二十四日	子 金炯瑞長老
38	金順任	一九二八年九月二十二日			夫 李汗根
39	金點男	一九四〇年八月十五日	主校		父 金炯瑞長老
40	李喜淵	一九四五年十二月五日	初洗		父 李汗根
41	金同烈	一八九二年十一月二十四日	新	二月九日	金[illegible]
42	丁道愛	一八九九年一月二日			
43	金龍煥	一九二四年四月五日			
44	金春輝	一九三四年三月二十日	主校		

番	姓名	生年月日	信級	住所	殉教年月日	備考
45	金玉子	主后一九三九年四月二十日	主校生	靈光郡塩山面[illegible]里	主后一九五〇年一二月廿七日	父 金[illegible]長老
46	金金子	〃一九四〇年二月二十日	〃	〃 〃	〃 〃 〃	〃
47	金信子	〃一九四二年三月七日	〃	〃 〃	〃 〃 〃	〃
48	金末子	〃一九四八年十月二日	〃	〃 〃	〃 〃 〃	〃
49	田有女	〃一九一三年十月十一日	新	〃 〃	主后一九五一年一月六日	仝上
50	金君子	〃一九四七年九月十日	〃	〃 〃	〃 〃 〃	〃
51	梁四次	〃一九三〇年十二月一日	〃	〃 〃	主后一九五一年一〇月十一日	〃
52	金富玉	〃一九一六年八月五日	新	〃 〃	一〇月三日	女 金三礼
53	梁處女	〃一九二〇年十一月二日	〃	〃 〃	一〇月二二日	〃
54	金喜子	〃一九四〇年三月四日	主校生	〃 〃	〃 〃 〃	〃
55	金富子	〃一九四四年五月十日	〃	〃 〃	〃 〃 〃	〃

— 1 —

56	裵吉禮	〃一八七三年四月五日生	〃	靈光郡塩山面奉南里	〃一九五〇年十月二十三日	會長
57	張人一	〃一八九二年十二月十日	〃	〃	〃	〃
58	金順愛	〃一八九三年十月二十日	〃	〃	〃	〃
59	張公三	〃一九二三年五月五日	〃	〃	〃	〃
60	金任順	〃一九二八年六月六日	〃	〃	〃	〃
61	張安宅	〃一九二七年九月五日	〃	〃	〃	〃
62	張考男	〃一九四七年十月十九日	〃	〃	〃	〃
63	金俊采	〃一九二七年八月七日	〃	〃	一一月二十四日	〃
64	金吉順	〃一九〇五年十月三日	〃	〃	〃	〃
65	金三次	〃一九三四年十一月十日	〃	〃	〃	〃
66	金四次	〃一九三六年九月十日	〃	〃	〃	〃
67	金五次	〃一九四三年十二月五日	〃	〃	〃	〃

— 16 —

番	姓名	生年月日	信級	住所	入教年月日	備考
68	崔龍珍	主后一八九四年十月二十四日	執事	善山郡[illegible]面[illegible]	主后一九五一年一月二十四日	〃
69	崔[illegible]女	〃一九四四年五月二十日	〃	〃	〃	〃
70	崔有三	〃一九四二年三月一日	〃	〃	〃	〃
71	崔三女	〃一九四七年九月二十日	學習	〃	〃	〃
72	崔二男	〃一九四一年八月二十日	學習	〃	〃	〃
73	崔四女	〃一九四二年三月二十日	〃	〃	〃	〃
74	崔五女	〃一九四五年一月一日	〃	〃	〃	〃
75	崔六女	〃一九四八年十二月十五日	〃	〃	〃	〃
76	李생길	一九二[illegible]三五	執事	〃	〃	〃
77	朴生地	一九一[illegible]七[illegible]	執事	〃	〃	〃

우리는 천국 간다

박종구 목사

우리는 여기에서
갈보리 언덕을 우러르네
우리 주님 그 십자가 앞에
일흔일곱 순교 제물들
우리는 천국 간다
그 음성 소금 되어
오늘도 우리를 일깨우네
그 노래 빛이 되어
오늘도 뭇 영혼 불 밝히네

순교

최효진 집사

너울 지는 파도 속에 순교성도여
그때 부른 찬송소리 가물거리네
못 다한 인생 속에서 가신 성도여
천군천사 찬송중에 영원하소서

순교자의 피가 어린 염산 앞바다
설도 동산 위에 우뚝 선 예배당
재림을 기다리는 성도의 찬송소리
천성 향해 울려퍼지네
오-주 예수여 언제나 오시렵니까?

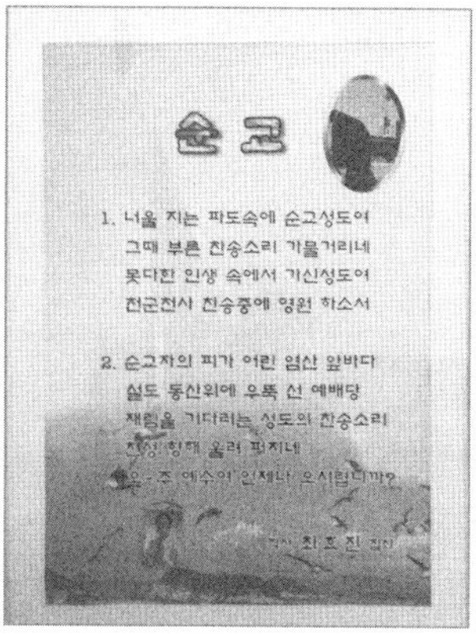

염산교회 순교자

이경환 목사

전-- 전국에서 특이하게 전남지방 영광에서
남-- 남북한의 전쟁으로 순교당한 칠십칠명

영-- 영성으로 순교자의 반열에서 상급받고
광-- 광명하여 해와달도 필요없는 천국에서
군-- 군민중에 구원받아 영생복락 누리누나

염-- 염전에서 일하시며 신앙으로 생활할때
산-- 산위에서 가르치신 예수님의 팔복교훈
면-- 면전에서 실천한종 염산교회 순교자들

염-- 염전옆에 수문에서 목에돌을 달게하고
산-- 산하에서 물에넣어 귀한생명 잃게하니
교-- 교인들의 가정마다 울부짖는 기도소리
회-- 회중들이 볼때에는 마음아픈 일이지요

순-- 순교각오 성도들이 악당들의 손에끌려

교-- 교인들이 한명한명 물속으로 내던질때

자-- 자자하며 교회위해 기도하며 순교했네

칠-- 칠십칠명 성도들은 하늘영광 바라보며

십-- 십계명의 말씀대로 하나님만 섬기다가

칠-- 칠전팔기 신앙으로 순교자가 되었으니

명-- 명인됨은 하나님의 말씀대로 산증거라

참고도서 및 자료

《기독교대백과사전》. 기독교문사. 1985.

안영로. 《메마른 땅에 단비가 되어》. 쿰란출판사. 1994.

고무송. 《나의 달려갈 길을 마치고》. 쿰란출판사. 2007.

김태균. 《우리는 천국 간다》. 쿰란출판사. 2012.

《영광군 기독교사(선교 100주년, 순교 60주년)》. 2012.

당시의 염산교회 기록물들

▶ 영상 증언

노병오, 백선규, 최종백, 황경연, 노병부, 임삼순, 박귀덕

▶ 순교자 유가족 및 목격자 증언

안영로 목사, 안종열 목사, 김금성 목사, 김영암 목사

김권배 목사, 김용시 장로, 김금배 장로, 박종화 장로

탁연택 장로, 탁연하 교수, 조애순 권사, 김순금 권사

장송용 집사, 유옥실 권사, 윤정녀 집사, 지매실 집사

| 에필로그 |

필자는 2013년 4월 4일 신학교 동기인 김태균 목사의 뒤를 이어 제19대 교역자로 부임하였다. 전에 시무하였던 함평 나산교회 성도들과 함께 탐방을 와서 큰 은혜와 도전을 받았던 것 외에는 염산교회 순교성지에 대하여 별로 아는 바가 없었으나 염산교회로부터 청빙서를 받아들고 망설임 없이 주님의 부르심으로 믿고 순종하였다. 이는 기도 중에, 시대를 따라 당신의 종들을 들어 일하시는 하나님께서 앞서 섬겼던 목사님들과 함께 하셨던 것처럼 이제 부족한 이 종을 통하여 주님의 일을 이루시고 큰 영광 받으시리라는 확신이 있었기 때문이다.

염산교회에 부임해 오자마자 탐방 예약을 받으면서 김태균 목사의 저서 《우리는 천국 간다》라는 책을 필독하며 순례객들을 맞이했다. 염산교회가 한국 기독교 최대 순교성지의 면모를 갖추기까지 김 목사님을 비롯한 온 교회 성도들의 눈물어린 섬김을 느낄 수 있었다. 그리고 천국 때문에 죽음도 두려워하지 않았던 77인 순교자들이 죽음 앞에서도 원수들을 위해 기도하며 찬송했던 그 모습을 깊이 생각하고 묵상할수록 큰 도전을 받았다.

이제까지 주님을 사랑한다면서 살아왔던 삶이, 아니 30년 넘게 목회해 온 삶이 그렇게 부끄러울 수가 없었다. 나는 기도하는 중에 그 순교자들을 대하면서 얼마나 많은 눈물을 흘렸는지 모른다. 주님께서 심히 부족한 종을 한국 최대 순교성지인 염산교회로 보내셨으니 주님의 선하시고 기뻐하시고 온전하신 뜻을 이루어 드리는 도구가 되겠노라고 아버지 앞에 엎드려 고백하곤 했다.

"이러므로 우리에게 구름 같이 둘러싼 허다한 증인들이 있으니 모든 무거운 것과 얽매이기 쉬운 죄를 벗어 버리고 인내로써 우리 앞에 당한 경주를 하며 믿음의 주요 또 온전하게 하시는 이인 예수를 바라보자 그는 그 앞에 있는 기쁨을 위하여 십자가를 참으사 부끄러움을 개의치 아니하시더니 하나님 보좌 우편에 앉으셨느니라" (히 12:1-2).

말씀을 묵상하며, 구름 같이 둘러싼 허다한 증인들 중에는 염산교회 77인의 순교자들도 있을 터인데 정말로 진실하게, 신실하게 귀한 사명 잘 감당해야겠다고 다짐했다.

김방호 목사님의 손자인 김금성 목사님을 비롯하여 6 · 25 때 김방호 목사님을 섬겼던 김용시 장로님, 김금배 장로님, 안종열 목사님 그리고 여러 목격자들과 순교자 후손들을 일일이 찾아뵙고 만나면서 당시의 생생한 증언들을 들을 수 있었고, 교회에 남아 있는 당회록, 교회록, 사진, 신문 등 여러 가지 자료들을 살피며 그때 당시의 상황이 60여 년이 지난 이 공간에서 이루어졌던 것을 실감하며 가슴이 아려 옴을 느꼈다.

또한 한국기독교순교자기념관을 비롯한 여러 기독교 유적지들을 돌아보며 순교자들을 대할 수 있었고, 우리 염산교회 김방호 목사님을 비롯한 순교자들의 흔적을 살펴볼 수 있었다.

6 · 25한국전쟁 당시 이곳에서 순교의 제물을 받으신 하나님께서는 오늘 이 시대에 우리에게 귀한 사명을 맡겨 주셨다. 부족한 중에도 염산교회는 선진들의 순교신앙을 널리 전파하여 순교성지의 사명을 잘 감당하며, 순교신앙으로 하나님 앞에 아름답게 세워지는 한국교회와 성도들을 위하여 밑거름이 될 것이라 믿는다.

앞으로 이곳을 찾는 수많은 순례객들이 '천국소망 순교신앙'을 가슴 깊이 간직하고 돌아가 순교자의 신앙으로 이 시대에 소금과 빛의 사명을 감당하는 그리스도인이 되어 하나님이 기뻐하시는 아름다운 교회들로 세워 갈 수 있기를 소망한다.

천국소망 순교신앙

1판 1쇄 인쇄 _ 2016년 4월 11일
1판 1쇄 발행 _ 2016년 4월 15일

지은이 _ 임준석
펴낸이 _ 이형규
펴낸곳 _ 쿰란출판사

주소 _ 서울특별시 종로구 이화장길 6
편집부 _ 745-1007, 745-1301~2, 747-1212, 743-1300
영업부 _ 747-1004, FAX 745-8490
본사평생전화번호 _ 0502-756-1004
홈페이지 _ http://www.qumran.co.kr
E-mail _ qrbooks@gmail.com / qrbooks@daum.net
한글인터넷주소 _ 쿰란, 쿰란출판사
등록 _ 제1-670호(1988.2.27)
책임교열 _ 송은주

 ISBN 978-89-6562-851-4 03230

책값은 뒤표지에 있습니다.

파본(破本)은 구입처에서 교환해 드립니다.

사진으로 보는

염산교회 77인의 순교 발자취

옥실리에 세워진 초창기 염산교회

순교 당시의 수문(순교현장)

순교 당시의 수문

장례 행렬

순교자 장일영 집사와 동서들(1938년 12월 13일)

김방호 목사 가족사진

옛 교회당

찬양대원(1951년 12월 17일)

부흥회 기념(1956년)

분반공부(1956년)

시청각 동화 시간

어린이 공작 시간(1956년)

염산성경구락부 조회 시간

성경구락부 학습발표회 기념(1957년 3월)

성경구락부 학부형을 모시고(1957년 3월)

염산성경구락부(1957년 4월 27일)

염산교회 영락회(1959년 3월 23일)

부흥회(1959년 10월)

어린이성경학교(1965년 8월 2-7일)

어린이성경학교(1967년 8월)

학생들(1970년대)

벽돌을 머리에 이고 교회 건축 봉사

모래를 바지개로 이고 교회 건축 봉사 (1973년)

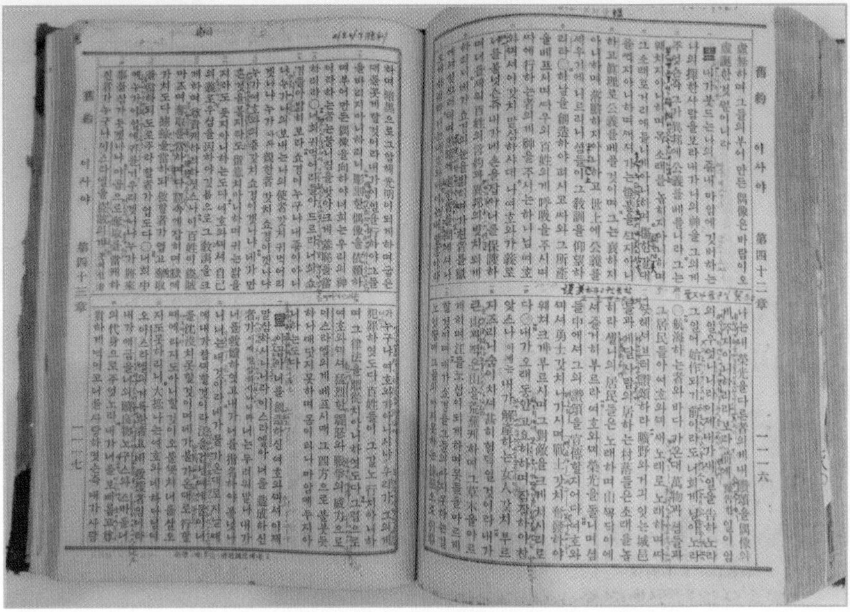

김방호 목사가 쓰던 성경(1939년, 조선성서공회 발행)

김방호 목사가 사용한 책(태정 14년 1925년 발행)

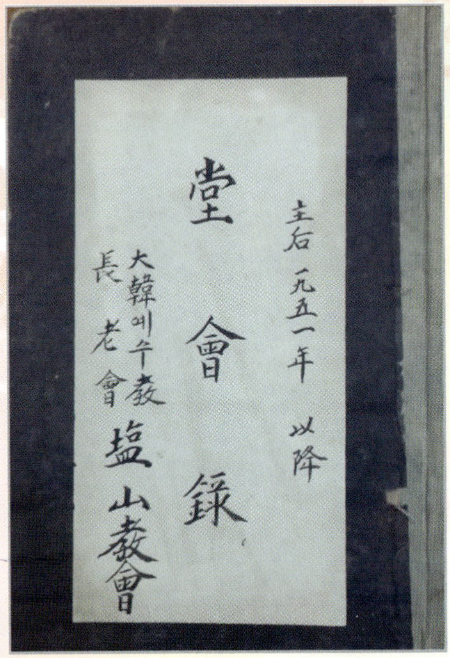

당회록

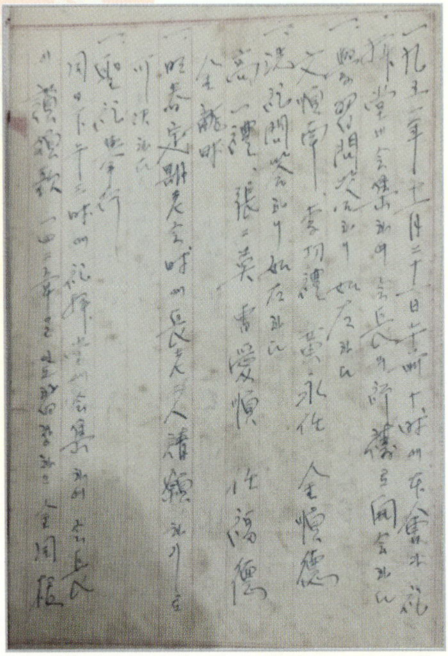

당회록 내용

제직회록

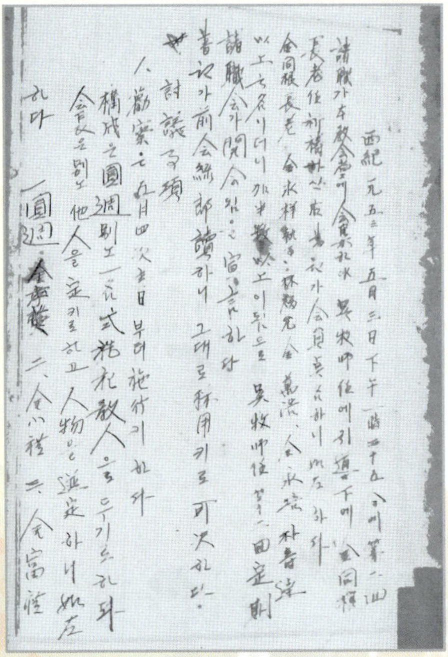

제직회록 내용

전시실

전시실

전시실

전시실

전시실

전시실

6 · 25 한국전쟁 당시의 강대상

풍금

순교무기

순교돌

순교체험돌

순교성지 표지석

순교공원

"오직 예수" 돌비

77인 순교기념비

"우리는 천국 간다" 시비(시: 박종구 목사)

순교자 묘

기독교인순교탑

순교 당시의 수문 자리

현재의 수문통

전망대에서 바라본 순교현장

종탑

순교사적지 제1호 동판

염산교회 전경

순교사적지 기념(2015년 6월 1일)

어린아이들까지도 잔인하게 살해하는 공산당들

"내 주를 가까이 하게 함은" – 수장되면서 찬송하는 노병재 집사

노씨 일가를 죽이는 참극의 현장

설도 앞바다 수문 위에서 돌을 달아 수장시키는 장면

교회당을 빼앗기고 김방호 목사의 인도하에 지하교회에서 예배드리는 모습

김방호 목사의 일가족을 몽둥이로 때리는 장면

피신을 권하는 김동근 장로와 거부하는 김방호 목사 내외

불타는 교회당

“주여!감사합니다” 두들겨 맞으면서도
기도하는 장병태 성도

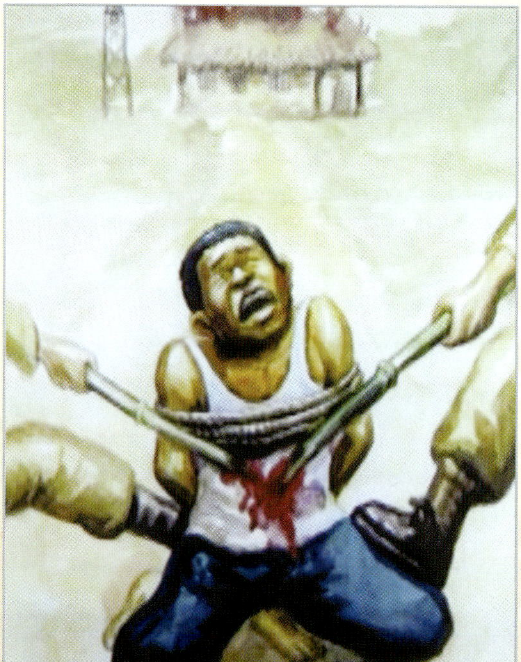

죽창에 찔려 순교하는 기삼도 청년